小学课堂教育理论
与教学方法研究

李雪荣　陈慧琴　赵世平 ◎ 著

吉林出版集团股份有限公司

全国百佳图书出版单位

图书在版编目（CIP）数据

小学课堂教育理论与教学方法研究 / 李雪荣，陈慧琴，赵世平著. -- 长春：吉林出版集团股份有限公司，2022.7

ISBN 978-7-5731-1576-8

Ⅰ．①小… Ⅱ．①李… ②陈… ③赵… Ⅲ．①课堂教学－教学研究－小学 Ⅳ．①G622.421

中国版本图书馆CIP数据核字(2022)第096180号

XIAOXUE KETANG JIAOYU LILUN YU JIAOXUE FANGFA YANJIU

小学课堂教育理论与教学方法研究

著　　者	李雪荣　陈慧琴　赵世平	
责任编辑	张婷婷	
装帧设计	朱秋丽	
出　　版	吉林出版集团股份有限公司	
发　　行	吉林出版集团青少年书刊发行有限公司	
地　　址	吉林省长春市福祉大路 5788 号（130118）	
电　　话	0431-81629808	
印　　刷	北京昌联印刷有限公司	
版　　次	2022 年 7 月第 1 版	
印　　次	2022 年 7 月第 1 次印刷	
开　　本	787 mm×1092 mm　1/16	
印　　张	9.5	
字　　数	200 千字	
书　　号	ISBN 978-7-5731-1576-8	
定　　价	58.00元	

前　言

当前，随着新课程改革的进一步深入，小学课堂教育教学管理的有效性越来越受到重视，教学管理的有效性是课堂教育教学的一个基本要素，是有效教育教学的一部分，是实现教育教学目标，实现教育教学目的的重要手段，是小学教师在小学课堂教育教学中必须掌握的一门技能，也是衡量教师能力的一个重要因素。小学课堂教育教学管理应用的好坏将直接决定一堂课的成功与否，是对当前形势下探讨、研究、解决小学课堂教育教学管理中存在的问题的方法，是提高小学课堂教育教学质量的重中之重。

课堂教学活动虽然是一种理性活动，但离不开教师内心力量的激活和驱使。课堂上教师以充沛、高昂、蓬勃向上的情绪讲课，并将这种情绪传染给学生，使学生精神振奋、愉悦，如饥似渴地学习，必然提高学习效率。

创新教育是一项伟大的世纪工程。每位教师都要有创新的精神，要勇于改革，敢于打破传统的僵化套路，充分激发学生的想象力和创造潜能，为学生插上腾飞的翅膀。课堂是创新教育的着眼点和最终落脚点，要真正落实创新教育，就必须进行课堂创新。作为教师，要立足课堂，给学生搭建起创新的舞台，唤起其创新的意识，发掘其创新潜能，展示其创新才华。

总之，课堂创新是每位教师的追求。课堂教学艺术，不仅具有使教学顺利进行的实用价值，而且因其创造性和其带给学生的愉悦而具有很高的审美价值。教师掌握和运用课堂教学艺术有利于获得最佳教学效果。

目　录

第一章 小学课堂教育理论研究

第一节 小学课堂教育"四字诀"

小学教育的主要形式是课堂教学，课堂教学是按计划、有步骤、有组织的教师的教与学生的学。评价课堂教学主要看课堂教学是否实现了预期的教学目标。在教育不断发展的今天，教育对教师提出了更高的要求。

一、课前准备要"足"

"凡事预则立，不预则废。"课前准备是课堂教学的必要前提和重要保证。可以这样说，不备课就不能上课，备不好课也不能上课。教师备课是否充分直接影响课堂的教学效果的好坏。如果备课不充分，学生就有可能听不懂。课前准备看似平常，其实对教师的专业成长有非常重要的作用。做好课前准备，课堂教学就会变得更加流畅、紧凑、简洁；教师就会对课堂教学目标把握得更为明确清晰，对课堂流程更加了然于心，对课堂教具运用更加恰当。备课就是在上课之前搜集资料、分析教材、确定教学目标、设计教学过程、制作课件、调试设备、撰写教案等。备课要根据具体教学设计有针对性地进行，要根据教学实际需要来准备。努力做到扎扎实实，富有实效。

只有精心做好了课前准备，教师才能够在上课的时候胸有成竹地面对各种可能出现的状况和问题，才可能积极地调动学生的主观能动性，使学生真正成为课堂教学的主人，课堂教学才能更有效果，教师和学生双方都可以在课堂教学中获得发展和提高。

二、课堂调控要"稳"

所谓课堂调控，就是指为了保证课堂教学的顺利进行，教师对自身的"教"和学生的"学"进行适时调节和控制。教师是课堂教学的领导者与组织者，在课堂教学中发挥着主要作用。教师能否对自己进行良好的调控，直接关系到课堂教学的成败。教师对课堂教学的调控包括三种：一是自我检查，教师要对自己的课堂教学进行自觉地、有意识地检查;二是调节学生,教师要对学生的学习过程予以反馈、矫正和调节,使学生更主动、更有效地学习;三是巩固强化,它是前两项的延伸,教师要积极运用各种强化方式,防止原有问题、难点重复出现。教师要边上课边回收学生对自己教学的各种反馈,这样的教学才能更加适合学生,并收到实际效果。在课堂教学中,随时会发生各种预料之外的事件,课堂是活的、会变化的。面对外界各种因素的干扰、学生提出的新问题、不尽如人意的回答、学生违反纪律等问题,教师如何进行控制调节,考验的是教师的应变能力。因为这种意外事件都会对课堂教学产生一定的影响,而且往往是负面影响。因此教师首先要有充分的心理准备,当课堂上出现突发事件的时候,要从容冷静,分析成因,巧妙处理,及时转变教学方式,因势利导。要在最短时间里做出决策,妥当处理,恢复课堂节奏。

"循循善诱,谆谆教诲"这句话充分阐明在课堂教学中教师语言表达能力的重要作用。在教学中教师的语言表达如果发挥得好,学生听起课来就会津津有味、兴致盎然,能充分诱发学生的求知欲,激起学生学习的兴趣;教师的语言表达如果发挥得不好,学生听起课来就会索然无味,昏昏欲睡。教师的语言表达能力对于学生的学习心理和思维活动有着直接的影响。

三、教学气氛要"活"

孔子曾经说过:"不愤不启,不悱不发。"好的课堂一定是和谐的、民主的;学生敢问敢说,积极主动、争先恐后。良好的课堂氛围,有利于激发学生积极的学习态度,有利于调动学生的参与意识,有利于挖掘学生的学习潜能。课堂教学中,教师一定要充分发扬民主精神,使师生关系融洽。教师要把爱心、微笑、激励带进课堂,把信任、温暖留给学生,努力形成宽容、平等、尊重、活泼、轻松、有趣、和谐、相互理解、民主愉悦的课堂氛围。

课堂氛围是由教师和学生一起营造出来的。教师风趣、幽默的语言往往会使学生心情愉快,注意力集中。在教学中,教师要善于在恰当的时机巧妙地运用自己风趣幽默的语言引导学生。这样不仅能活跃课堂气氛,还能激发学生的兴趣,加深学生对知识点的理解。作为教师,应该深入班集体,从情感上得到学生的认同,这是活跃课堂气氛的必要条件。只有学生在情感上接受了教师,教师才能牢牢把握住学生的情绪变化,从而根据实际情况对课堂氛围进行调节,提高教学效果。

四、课后作业要"精"

课后作业的布置与批阅是课堂的延续，也是教师施教工作的重要组成部分。课后作业的布置，不仅可以让学生复习、巩固和深化所学的知识，也可以让学生运用所学的知识去实践。最好的课后作业其实就是让学生在做课后作业的过程中能够得到快乐，积累生活经验。那么，教师如何有效地布置课后作业呢？陶行知先生曾经说过："凡做一事，要用最简单、最省力、最省钱、最省时的法子，去收获最大的效果。"布置有效的课后作业，应该从两方面入手。第一，减少课后作业的总量。有相当一部分教师为了提高学生的应试成绩，课后布置大量单调枯燥、机械重复的作业。这样的课后作业不仅磨灭了学生的学习兴趣，而且严重影响了学生的身心健康。教师应该提炼出有代表性的、有个性的作业，并将其归纳成必做作业、选做作业和拓展作业，要注重学科之间的搭配。二是精心设计课后作业。在现实教学中，许多教师布置课后作业时随意性很强，他们大多只是为了巩固已学过的知识，常常要求学生做一些抄抄写写的重复性作业，有的甚至直接布置配套的模拟试卷或练习册等，久而久之，这种做法会极大地挫伤学生做课后作业的积极性。课后作业内容的设置应该突出实践性和趣味性，让学生在实践和趣味中灵活运用知识。

课堂教学是学校课程实施的主要渠道。通过课堂教学，能使学生掌握科学文化知识，习得生活技能，发展智力，形成品德。只有课堂变好了，学校教育才会变好；只有课堂创新了，学生才会创新；只有课堂进步了，学生才会进步。

第二节 小学美术课堂教育应注意的问题

随着新课改的不断深入，新课程的标准对于小学教学过程中的美术教学内容及培养目标提出了新的要求，也给予了更多的重视，认为在小学美术绘画教学过程中，不仅要使学生掌握丰富的美术知识及绘画表达技巧，更要对学生的创造性思维及审美能力进行有效培养。这无疑给小学美术绘画教学的教师提出了更高的要求。有了新的要求，就该有新的方法来实现新目标。

在新课改背景下的小学美术教学，教师应该改变传统的教学观念，不再将小学美术绘画教学仅仅当作一种技能的传授过程，应该改变传统的填鸭式教学，创新教学模式，注重对学生进行美术绘画思维的启迪。

小学生因年龄、见识等因素的影响，认知事物具有一定的局限性和特殊性，在独立思维意识、认知能力、审美观念上仍存在一定的局限性，绘画技巧相对匮乏，但是与之相应的，因童真尚存，想象力、创造力都是最强的时候，所以，教师在教学过程中，应根据学生的学习特点，采用恰当的方法，对其各方面的能力进行有效培养。

一、注重观察学生的兴趣

小学生对世界及周围的事物具有强烈的好奇心，对于绘画课程具有强烈的学习兴趣，但是由于认知能力及知识经验的不足，在学习绘画时，往往只能进行简单地涂抹，想要完成一幅完整的作品还有很大的难度。这就需要教师在教学过程中，能够掌握小学生的这一学习特点，对教学的内容进行合理的选择，选择学生感兴趣的、贴近学生生活的绘画内容，这有利于学生学习兴趣的提高，并且能够使课堂教学处于宽松的学习氛围中。教师还要把握好教学内容的难度，使学生能够运用简单的框架、线条、色彩来对自我的内心世界进行良好地展示。充分发挥学生的特长和激发学生的潜能。

在认真观察完学生的兴趣后，小学美术教师按学生兴趣进行分组教育，即因材施教，针对不同兴趣的孩子制定专门的教学方法，激发孩子的兴趣和潜能。分组教育能够锻炼小学生的协作能力，分在一个小组内的学生还能够互相学习，充分发挥特长。

二、正确培养学生整体与局部的意识

一幅优秀的绘画作品必须能够合理地处理整体与局部的关系，儿童不分年龄大小，均应该有相应的构图意识。小学生受认知水平、理解能力的限制，在创作中会出现以下问题：一是以点概面，构图不讲整体性、杂乱，没有整体与局部的概念；二是画面只有形式，没有亮点，有些学生在观察事物时只注重大体面貌，只注重像不像，没有详细地刻画局部特点，以致在描绘时脑中的成像也只是一个轮廓，无法深入刻画局部，从而导致画面空洞。教师在教学中要特别注意强调整体与局部的关系，培养学生正确的整体与局部的观念。

三、在课前要做好充分的准备

俗话说，不打无准备的仗，教师教学也是一样的。教师在上课前做好充分的准备，才能让学生掌握必要的基础知识和基本技能，培养学生的创造性思维。要从讲方法的引导入手，首先是要避免盲目地灌输观念，而是要以兴趣为主、引导为主，注重方法和条理，将讲解的方法和理论融入日常生活，用通俗易懂的例子做比喻，便于学生理解和接受，而又不产生反感情绪。做好美术的创造性教育，首先要让学生掌握必要的美术基础知识和基本技能，学生只有充分理解和掌握了美术基础知识以及基本技能，才能为其美术创新能力打开宽阔的思路。因此，在美术教学上，一定要系统地、循序渐进地教会学生美术基础知识和基本技能，使其真正掌握绘画、工艺以及美术欣赏等基础知识。教师先要耐心教给学生观察、想象、思维以及着色等基本技能和方法。在此基础上，再去提高学生对这些基本技能的熟练程度，进而为其创作打下坚实的基础。

四、摒除教育模式化

模式化的填鸭教学忽略了学生的直觉和自由表达能力，容易激起小学生反感和厌恶情绪。倘若不尊重小学生的兴趣以及认知特点，盲目地将模式化的教育学、心理学概念塞入学生的头脑，将教条主义式的教学贯穿始终，势必会使学生心中产生自由表达的障碍，影响教育进程和教育效果。

在当前的小学美术课程教育中，教师教授的重点仍然在于具体物象，忽略了小学生对个性的追求和表达，抑制了想象力的发挥，忽视了学生内心感受。然而，美术课程教育的核心价值就是关注小学生的情感和心灵，培养学生对事物的独特感悟和见解。不同的事物在小学生的眼中是不同的，即使是同一种事物，不同的学生感受到的也是不一样的。正如一千个人心中有一千个哈姆雷特一样，美术教育不能抑制孩子的天性，不能像工厂生产产品一样，对他们提一样的要求，要结合实际让他们充分发挥自己的想象力和特长，给予其独特性以及多元性的表现空间。

五、引入美育教学概念

美育是指培养学生认识美、爱好美和创造美的能力的教育，也称美感教育或审美教育，是全面发展教育不可缺少的组成部分。我国的美育是为建设社会主义精神文明和培养学生心灵美、行为美服务的。通过美育可以促进学生的德、智、体、美、劳全面发展，可以提高学生思想，发展学生道德情操；可以丰富学生知识，发展学生智力；可以增进学生的身心健康，提高体育运动的质量；可以鼓舞学生热爱劳动、热爱劳动人民，并进行创造性的劳动。

在美术创造性教育过程中进行美育创造性教育就是要让小学生在美术教育中感受生活和艺术的美，培养小学生健康的审美意识和情趣，这就是美育。通过美育来达到美术的创造性教育，需要从以下两个方面做起：首先要重视发掘美术教材本身的美，有侧重、有目标地选择相关教学内容进行美育教学；其次是在教师的引导下，协助小学生欣赏美，提高小学生的审美水平。

六、重视学生创新能力的培养和发展

随着素质教育的推行，现代教育注重的不仅仅是知识的积淀，更注重的是学生智力和才能的发展，尤其是创造能力的培养。缺乏创造力的绘画是没有灵魂的绘画。正如画虎画皮难画骨，最重要的往往也是最难的，这需要美术教师多下功夫，多思考美术教育的实质，着重培养学生敏锐观察力、丰富想象力以及奇特创造力。同样，要做好小学美术创造性教育，重中之重就是要加强对学生的创新能力的培养和发展。教师通过训练学生的观察能力，鼓励学生结合自身的经验和知识来想象和创造出一幅/件美术作品，在与其进行有效沟通并鼓励后找出不足，激励其下次改进，促使其进步；使学生内心感受和领悟到美，进而修正自身的不足，不断提升自己的思维想象力、创造力以及画面的表现力，为以后的创作奠定基础。

小学生在进行美术绘画学习时，对于课程具有很大的学习兴趣，在学习的过程中希望自己的作品能够得到教师的认可，这就需要教师在进行美术绘画技巧的教学时，关注学生各方面能力的提高及身心的成长，使其通过绘画学习，各方面能力都能得到有效的提升，这也是新课标的要求。

第三节　信息技术与小学课堂教育

信息技术在社会上的应用越来越广泛，信息技术的发展对当今社会经济、政治、文化的发展都起到了积极的促进作用，信息技术已经成为一门不可或缺的学科。小学信息技术课程的基本要求就是使学生具备基本的信息素养，掌握信息技术的基本操作，熟悉信息技术的使用流程。学生能够熟练地运用信息技术，对学生后续的学习会有莫大的帮助。传统的教学方法难以实现既定的教学目标，教学效果不佳，因此，小学信息的教育方法需要创新，通对改变教学观念，使学生能够达到新课程标准的要求，提高学习质量，熟练掌握信息技术技能，充分发挥信息技术课程的作用。

一、小学信息技术教育的意义

（一）促进学生的全面发展

信息技术已经成为人们生活、学习和工作必不可少的工具，素质教育背景下要求学生德智体美劳全面发展，学生的学习已经不再是为了考试、为了升学，学生应该得到全面的、充分的教育，对各种技能有基本掌握。信息技术已经成为现代人必须掌握的技能之一。在小学阶段，利用学生对信息技术的兴趣，加以正确引导，让学生掌握信息技术的基本操作，可以为以后的学习、生活及工作奠定良好的基础。

（二）让小学教育紧跟时代潮流

随着网络的普及和发展，信息技术有巨大的发展潜力，信息技术课程已经成为很多学校的热门课程，信息技术的发展对人们的日常生活形成了积极的影响，多媒体教学使教师摆脱了粉笔灰尘的困扰，网络通信使天各一方的朋友可以随时畅聊。信息技术的发展是积极的，是向上的，是顺应时代潮流的。小学阶段的学生对周围的事物充满好奇，他们的思维方式正在形成，小学阶段是他们独立接触社会生活的第一步。对小学生进行信息技术的教育，可以让他们更好更快地融入社会生活。

二、小学信息技术课堂教育方法的创新

（一）提高学生学习兴趣

在新课程改革背景下，对于学生学习兴趣的提升提出了更高的要求。在课堂教育中，教师需要合理组织课程内容，创新教学方法，使教学更适合现阶段学生的成长规律。为了更好地促进学生对信息技术的学习，教师必须更新和优化传统的教学方式。在以往的教学中，一门新课的开始是没有课程导入的，学生直接进入学习模式，对于小学生来说，这种上课方式无论是在接受能力上还是心理上都是难以接受的，久而久之，即使是他们感兴趣的课程也会让他们敬而远之。

例如在进行打字训练时，教师往往给学生展示一下指法，就让学生自主摸索学习，小学生对拼音的掌握还不熟练，自主学习并不适合他们这个年龄段。教师可以在这门课进行前，引导学生观察电脑键盘上的字母排列方式与平时学习的字母顺序有何不同，引导学生观察并思考电脑键盘上的字母为什么有的会有凸起的标志，在学生充分熟悉键盘之后，再进行打字训练，当学生基本掌握了打字技巧之后，可以组织一些趣味竞赛、小组比赛等吸引学生参与，给获胜的学生一些奖励，提升学生学习的成就感，刺激其他学生提高学习效率，使学生的学习进度保持一致。

（二）锻炼学生自主学习能力

小学信息技术教学需要重新定位并明确教学目的，以往信息技术的教育都是作为副科进行的，让学生了解一下基本的理论知识，掌握基本的操作之后就结束了课程。随着

新课改的发展，信息技术课程必须转变学生的学习意识，学校和教师应当提高对信息技术这门课程的重视程度，对于适合学生自主学习的课程，鼓励学生自主学习，教师应该大胆放手，注重培养学生的创新意识和想象力。

例如在 Word 文档教学中，教师在简要介绍 Word 文档的面板之后，给学生示范 Word 的基本操作，学生掌握操作方法之后，可以给学生提供备选主题，让学生自选主题，进行作品的创作，鼓励学生充分发挥想象力和创造力，灵活应用信息技术。创作结束后，学生之间互相评价，对优秀作品进行展示，教师再对学生的作品进行综合评价，使学生获得学习的满足感。

（三）创新学习模式

教师在进行信息技术的教学时，应该充分掌握小学生的心理状态。小学生对一切事物都充满好奇，教师在教学时，应该根据小学生的心理状态制订符合他们实际需求的教学方案。小学生生理和心理的发展还不成熟，在做某些作业时往往力不从心，无法独立完成，教师可以鼓励学生小组协作，共同完成作业。

例如 Excel 教学需要对数据进行公式化的计算，对小学生来说是比较困难的课程。这门课程融合了数学和 Excel 的一些基本操作，在教学时，教师可以把课程分为几个部分，比如数据统计、数据录入、公式分析、数据复合等，让组员轮流负责，这样不仅降低了学习难度，不仅使学生的能力得到了充分的锻炼，也使学生的小组协作能力得到了锻炼。

信息技术的发展已经成为时代的潮流，信息技术已经成为人们生活的重要组成部分，无论是科技的发展还是社会的进步都离不开信息技术。在小学信息技术教学中，教师要把握时代脉搏，重视小学信息技术教育，信息技术是没有具体的考核标准的，因此教师要充分利用各种教学资源，激发学生学习兴趣，鼓励学生进行信息技术的学习和锻炼，提升教学水平，推动信息技术教育的发展。

第四节　小学课堂中的教育公平

小学是义务教育的初始阶段，是孩子们学习生涯的起步时期。同龄的孩子在相似的教室里使用同样的课本，接受相同学科教师的教育，却有着各不相同的学习效果。究其原因，孩子的教育始于正式学校学习之前。除了孩子自身非人力可控的智力及遗传因素、家庭成员的文化程度、家庭教育环境的差异之外，学前教育对其各方面潜能的开发、学习习惯的培养等，造就了孩子们在接受正式学校教育时的学习能力参差不齐。作为教育资源的"投入者"和"分配者"，教师如何在课堂教学中合理配置教学资源以促进教学公平是当前亟待解决的问题。

一、直面问题，寻找方法

当前的课堂现状如何？众多研究者认为如今的课堂教学中不公平现象层出不穷，其影响因素分为如下几类：

第一，教室的空间布局。在课堂师生互动过程中，教师比较容易注意坐在前三排和过道两侧的学生，上课的时候，教师信任、鼓励的目光很容易落在他们身上，而其他学生自然就成了课堂上的观众，被边缘化。

第二，教师期待值。教师会因为学生的学习成绩等因素对学生抱有不同的期待而给予不同的对待，一旦儿童被教师分类之后，一种"自我实现预言"心理就开始起作用，即教师期望学生有某种行为，儿童就会对教师的期望做出回应，而教师的期待影响着学生，学生不断内化着教师的期望并通过行为表现出来。

第三，课堂内容。对每一位学生来说，由于兴趣、爱好的不同，对所学内容的理解程度也不同，他们从教学内容中获得的实际发展机会和发展程度也有区别。对学困生来讲，教师放弃对他们的关心是不公平的，而对那些学优生来说，为使之更快进步，教师往往会采取"开小灶"的形式给他们更多更深的学习内容，这对于其他学生来说是不公平的。

二、追根溯源，探寻答案

"教育"（education）这个单词源于两个拉丁词根：一个是educere，意思是引导或诱导；一个是educare，意思是培养和塑造，无论是诱导的教育还是塑造的教育都蕴含着人的因素。

"公平"，哈佛大学的哲学大师约翰·罗尔斯（John Rawls）言明了两种性质的公平：一为"均等性"的公平，即平等地对待相同者，是一种水平性的、横向的、平均性的公平；另一种为"非均等性"的公平，是垂直性的、纵向的、不均等的公平，即不均等地对待不同者，如多劳多得、贡献大者先富等。他指出了追求社会公平的价值取向，是在不公平的社会现实中，为处境不利者提供机会或利益补偿。

（一）教育公平

在教育领域，教育公平的基本内容就是实现教育利益分配的公平。对于每一个受教育者来说，教育利益分配表象为个人身心发展权利、发展机会、发展条件的分配和发展水平的资格认定。教育利益分配的实质是每个人知识、能力、情感都能得到发展。

（二）课堂教学资源

课堂教学资源，是指一切对教学有用的物力和人力。只要是能在课堂实践中激发学生潜能、提高教学质量、实现教学目标的一切物力和人力，都属于教学资源的范畴。

（三）教学公平

教学公平是教育公平的一个微观方面，课堂中的教学公平是通过合理调配课堂教学资源，使班级中的每个个体都能获得知识、能力的最大发展以实现班级总体发展的最大化。

三、改换视角，寻求突破

在大班教学暂时无法避免的今天，"为了一切孩子"的教师一直在努力寻找使课堂变得公平的方法，合理调配课堂资源应是实现目标的一种有效途径。可不管怎样调整，受教育者要掌握的知识点都是一样的，在同一个空间里，接受的只能是同一个人的教育。课堂中的教学公平正如罗尔斯所说的公平，它绝不是"均等"也绝不是"平均"，而是尊重差异、满足需要、促进发展，即以差异分类，以需要配给，以发展为最终目的。教学是否公平，不在起点上，不在过程中，而应该以结果去作为判别的标准，即每个学生是否在整节课后获得了相应程度的发展。在此观点下，我们发现以某种资源的分配是否公平，某一时间点上资源的分配是否公平去判断课堂是否实现教学公平是失之偏颇的。

我们不得不承认，某些课堂教学资源是有优劣之分的。比如位置，教室里的课桌椅无论是"秧田式""U"字形还是半圆形，每个位置与知识中心点的远近以及学习便利性、紧迫性都是不一样的，空间差异始终存在。"秧田式"座位中，在二、三排中间的座位为最优，中间后排的座位为次，两边的座位最差。这不是人为决定的差异，而是环境差异带来的人的自然心理反应。教师可以让学生轮换位置以达到每个孩子都在每个座位坐过的公平，也可以在教室里适当改变自己的位置，使每个孩子都有接触知识中心的机会，但这种绝对公平实际上忽略了学生自身的差异与需求，并没有对资源进行合理利用。在任何一个班级中，学生的注意力集中程度绝不可能完全相同，一个处于教室中部的位置，对于注意力不能长时间集中的学生就像盲道之于盲人那样迫切和重要。按需分配，是教学公平的重要原则。

我们不得不承认，某些课堂教学资源是有限的。比如教师可以针对不同的孩子设计不同层次的问题，增加提问的次数，可无论教师怎样安排课程，在课堂内提问的次数总是有限的，答问的人次也是有限的。那么我们能够将这些问题平均分配给每名学生吗？当然不是的。我们总会把与教师交流的机会留给那些思维较快、表达能力较强的学生，因为在课堂上，有近 80% 的时间，他们几乎是无所事事的，他们很快就明白了却还在反复被教师"念叨"的学习内容已经消磨了他们的求知欲，回答问题可以集中他们的注意力，培养他们的表达和思维的能力，提升他们对知识的理解程度；或者我们会将问题留给那些座位处于边缘、我们充分信任，但也需要刷新一下存在感的孩子。这便是遵循了教学公平的"补偿性"原则，补偿那些在时间或空间上有所失的学生，让他们在课堂上也收获知识，提升能力。

不得不承认，某些课堂教学资源是没有选择性的。比如教材，教材是在课堂上使用的，根据国家对不同阶段的学生在知识与技能，过程与方法，情感、态度与价值观等方面的基本要求编制的教学用书。教师可以对课本要求掌握的知识进行拆分，分配好复习、练习的时间，在国家既定要求下，根据学生的不同层次，制定相应的目标。但教材是主线，一堂课上，教师也无法左右太多，这种没有照顾到两端的课堂教学是不是不公平的呢？其实，虽然义务教育领域应注意受教育者的差异性，但面对"均等不相容性"问题时，则必须坚持平等机会对差别原则优先性，即坚持同质的平等观。简单地说，就是 80% 的时间和精力花在 80% 的人身上，即人数占全班比例最高的人群占有课堂上最多的时间，促进最多的人发展，就是课堂教学公平的重要体现。

所以我们认为，课堂教学是否公平不是受教育者在某一种资源上"均等"，也不是在某一个时间点上获得的资源相同，而是关注整堂课上孩子获得的资源总和是否均等及每个孩子获得的发展是否最大。从运筹学的观点来看，就是是否进行了资源的优化组合，使每个孩子的发展得到最大化。当然，这里只是粗浅地谈到了对课堂教学公平的另一种思维方式。教学资源、教学需求、教学效果都是课堂上的变量，寻求三个变量之间的关系，探寻如何分配教学资源以满足教学需求并实现每个人发展的最大化是我们需要继续研究的内容。

第五节　小学高效课堂教育策略

随着我国经济的不断发展，全民环保意识日益高涨，我国经济开始朝着绿色、环保的方向发展，高效课堂可以帮助低年级学生在小学时期理解并树立绿色、环保、可持续发展的理念，从而在未来的发展中做一个德行兼备的良好公民。

一、小学低年级学生的特点

孩子在经过学前教育后，会在六七岁的时候进入小学，正式开始学习生涯。该阶段的学生由于年龄小，心智发育不成熟，自控能力不强，总是会在课堂上出现小动作，扰乱课堂秩序，影响教师教学。教师在进行低年级教学时，需要注意每个学生的性格特点，大多数低年级的学生由于初入学校，对其他同学不熟悉，容易出现各种各样的问题，如果教师处理不当的话容易给孩子造成心理阴影，对其日后的发展产生不好的影响。低年级学生具有较强的好奇心，对未知的事物兴趣浓厚，教师在进行教学时，可以采取适当的方法，引导学生对学习产生兴趣，这样可以为教学提供较大的帮助。

二、高效课堂的内涵分析

相比较于传统课堂，高效课堂实质就是在有效时间内完成教学任务，旨在改进传统课堂效率不高、学生兴趣不足的问题，把握学生的特点，争取让其使用更少的精力，学会更多的知识，达到课堂时间利用率的最大化。俗话说："十年树木，百年育人。"这句话的意思就是教育学生不能太急功近利，欲速则不达，要采取循序渐进的方式引导学生学习。所以，低年级教师在建设高效课堂的过程中，不能一味追求高效率，应当以学生的实际学习情况为准，在学生能够接受的范围内适当加快速度。新课改形式下的语文高效课堂应具有高效率、快速度、多互动等优点，旨在培养低年级学生的学习兴趣与学习习惯。

三、传统小学语文课堂教学中存在的问题

（一）极端化教学

我国进行教育体制改革，开展低年级高效课堂的主要原因是传统语文教学中存在较多的问题，阻碍了低年级教学质量的提高，其中，极端化的教学方式是主要问题。当前信息化不断发展，几乎所有领域都应用了信息化设备，在低年级的语文课堂上，多媒体教学法盛行，如在人教版二年级《小蝌蚪找妈妈》的教学中，通过多媒体让教材中的图片动态化或者播放相关的视频，让学生观看小蝌蚪找妈妈的动画视频，有效激发学生的兴趣，抓住学生的特点进行知识的教导。兴趣是学习的关键，在传统语文教学法中，教师利用多媒体中的视频、音频技术可以极大地提高学生的兴趣，但是如果使用过多会使学生产生依赖性，导致学生在学习过程中只认多媒体，否则，学生就会产生消极情绪，不利于学习，这样就造成了传统教学方法的极端化。

在传统低年级语文课堂上，教学的主体是教师，教师进行"咀嚼"式教学，学生只是被动地接收，如在人教版小学二年级教材《坐井观天》一课的传统教学中，教师只是进行课文领读与生字的学习，很少采用兴趣化的教学方式，如有感情地朗读、学生与教师扮演不同的角色以及引导学生积极提问等。

（二）教师学生互动不足

在传统的低年级的语文教学课堂中，师生互动不足也是较大的问题。师生之间良好的互动可以让教师与学生"双赢"，不仅可以让教师了解当前学生的学习情况，还能让学生对教师产生好感，有利于之后的教学。但要注意，在兴趣教学法的广泛使用后，低年级教师一改以往严厉的作风，可以很好地顺应学生的特点，走到学生当中，与学生打成一片，虽然在一定程度上提高了学生的语文学习兴趣，但也减少了学生对教师的敬畏心理，导致部分学生对教师说的话不予理会，某种程度上降低了教师的威信。

四、探究构建小学语文高校课堂的策略

（一）打造学生学习合作小组

高效课堂是顺应时代发展而做出的教学方式创新，教师应当认清自身地位，以学生为教育主体，围绕学生进行系统性教学。首先，应当改变传统教学观念，打造学生学习合作小组，在新学期开课之初，将学生按照学习小组进行划分，在划分的过程中，应当注意每个学生的性格，尽量使每一小组均有沉稳的学生和活泼的学生，这样每个小组学习起来更加有趣、互补。然后在进行教材课文教学之前，将课程分为预习、学习、复习三个阶段，如在进行人教版小学语文教材中《日月潭》的学习时，学生按照先分组预习，讨论日月潭的基本情况，再在课堂上提问各小组，检查学生是否大致了解了日月潭的所在地区、来历以及风景特点，最后教师进行详细讲解，还要定期进行小组式的复习检查，施加适当压力，推动学生主动学习。

（二）积极主动学习

俗话说"师父领进门，修行靠个人"，教师在使用高效课堂方法进行教学时，不能让学生仅在课堂中学习，还要教给学生学习方法，让其自主学习，自主学习可以锻炼学生的独立思考能力，拓展学生的思维能力。如在人教版小学教材中的《狐假虎威》的教学中，首先应当让学生单独预习，给予适当的鼓励，让学生感到教师对自己的关心，逐渐适当增加作业量，锻炼学生主动学习的能力。

（三）延伸课外阅读

语文的学习永无止境，仅靠教材中的知识不足以让学生成才。所以，应当在低年级就引导学生进行课外阅读，这也是实现高效课堂教育的重要方法之一。如人教版的语文教材中，文章大多是各类名著的节选，可以按照低年级学生当前学习情况，拓展其课外阅读能力。例如学习李白的《静夜思》与《望庐山瀑布》时，教师可以让学生在课后读一读李白其他的诗。学生阅读的课外书越多，阅读能力越强，教师要适时调整阅读难度，也可以尝试让学生写读后感，锻炼写作能力。

（四）多用猜字谜等兴趣教育法

在高效课堂教学中，兴趣教学法的使用非常重要。低年级语文教材的每一篇课文之后均会有部分生字，教师在进行生字教学时，可以采用猜字谜的方式，人教版的小学教材中，有"一字两个月""坐在水中，当怕水冲，放在水中，无影无踪""并无两点"等字谜，答案分别是用、盐、开。学生通过在学习生字的过程中练习猜字谜，不仅掌握了生字，还提高了学习兴趣。

小学高效课堂可以让学生在有效的时间内积累一定的知识，随着教育质量的不断提高，低年级学生的学习能力得到有效增强，语文水平不断提高。

第六节　关爱教育下小学德育课堂

"爱的教育"并不是一个陌生的词语，它频繁出现于学校教育、家庭教育乃至社会教育中，是教师教学中不可或缺的内容之一。教师必须将关爱融入教学的点点滴滴，在关注学生成绩的同时，给予学生心理上的关爱，引导学生爱护自己、关心父母、友善对待同学、爱护自然和公物等。这些品质的形成在课程层面主要体现为以德育为抓手来开发系列关爱课程。

一、关爱教育：自信心的培养

自信心是学生学习进步、品质提升的重要保障。然而，少数学生无论在生活中，还是在学习中都十分自卑，既不想被他人注意，又不想过于表现自己。因此，教师在实施和开展关爱教育时，可以通过鼓励的方式培养学生的自信心，提升学生的综合能力。

二、关爱教育：团结意识的培养

随着时代的发展，人们的生活质量逐渐提高。孩子成为家庭的重心，受到了万般宠爱。但是，这样的宠爱容易使学生以自我为中心，对学生的成长和发展不利。教师要在实施关爱教育的前提下，培养学生的团结意识，提高学生的思想觉悟。

课堂上，教师可以带领学生进行户外活动，将学生分为不同的小组，引导学生在小组中相互合作，共同完成投球任务。在任务前期，学生配合得很好，但是随着时间的推移，学生逐渐体力不支，学生纷纷抱怨前一位学生不够用力，导致任务无法进行下去。此时，教师不要着急批评学生，可以试着细心地为学生擦汗、递水，让体力不支的学生休息，还对每位学生加以鼓励，引导学生意识到合作的重要性，使学生意识到只有在合作中互相包容、互相理解、互相配合，才能顺利完成任务。在这样的引导下，每位学生都十分卖力，配合得也十分默契，再没有之前偷懒的情况出现，最终顺利完成了合作任务。

三、关爱教育：健康心理的培养

部分教师在日常教育工作中，过于注重知识灌输，而忽略了学生的身心发展。针对这一情况，教师可与学生开展"悄悄话"活动，引导学生"说"出日常生活中不敢说的话。

教师可以与每位学生建立一个"心灵交流本"，每周与学生进行一次"交谈"，让学生将自己想说的话写在小本上。一次，教师在查阅"心灵交流本"时发现，某同学在小本上写下了一句话："我没有以前快乐了……"于是，教师在日常教学中细致观察其表现，发现该学生说话较少，与朋友交流较少。在认识到问题的严重性后，教师立即采取行动，与学生进行了朋友式交流，发现学生是家庭缘故而出现了心理问题。为了安慰其心灵，引导学生走出心理误区，教师每天给其讲述励志、积极向上的小故事，向其传递正能量，促使其从正确的角度看待问题。一段时间后，学生的精神状态明显变好了。

四、关爱教育：意志力的培养

小学时期是学生意志力培养的黄金阶段，在这个阶段，教师需要重点关注对学生意志力的培养。学生意志力低通常表现在生活中的方方面面，如在生活中轻易放弃做一件事，在学习中轻易放弃解答稍微难一点的习题。教师应采取措施解决这一问题，用引导和关爱来帮助学生培养意志力。

教师可以用开展体育活动的方式来锻炼学生的意志力。小刚是一名意志力极差的学生，数学难题不想解答，体育长跑不想参加……为此，教师立刻采取措施：教师和小刚商量好每天放学后在操场跑步，循序渐进地增加每天跑的距离，加到 10 圈后，教师将给予他"最佳意志力"的称号。结果，第一天还没跑完半圈小刚就已经想放弃，此时，教师对小刚展开关爱式教育，通过引导、鼓舞、劝说等方式鼓励小刚坚持下去。教师喊来其他学生为小刚鼓劲、加油。在同学和教师的鼓励下，小刚汗流浃背地完成了每一天的任务，当他第一次跑完 10 圈时，他高兴地说："老师，我做到了！我居然可以跑 10 圈了。"小刚在此后的学习中也表现出坚强的意志力，学习上遇到再难的问题也不会退缩了。

总而言之，加强小学爱的教育工作的开展刻不容缓，教师应重点关心学生的自信心、团结意识、健康心理、意志力等方面的品质，在生活中多关注学生的各类表现，及时发现学生在学习和生活中出现的问题并帮助学生解决。教师在开展关爱教育时，要放低身段，主动和学生沟通交流，通过思想的传输、文化的渗透，将爱传递出去，促进良好班级风气的形成。

第二章 小学课程教学理论研究

第一节 小学教育课程教学

技术是在自然科学的基础上发展而来的一种发明创造，一项成熟的技术往往需要经历从最初的发明到中期的实践，再到最后的应用和改进的过程，当然，小学科学课程的技术教育也应当遵循技术发展的基本过程，合理地、科学地进行。

一、小学生技术素养培养的必要性

（一）社会发展需要从小培养技术素养

近代以来，科学信息技术在现实生活中的广泛应用已经影响了当今人类的日常生活。科学信息技术的快速发展在一定程度上促进了新技术规范的不断形成。当前，人类已经进入科技进步发展的特殊历史时期。科学与技术的相互作用使其在社会生产和生活中的迅速应用，随之引发了一场新的社会革命，对现代人的基本素质提出了更高的要求。为此，我们应采取全民行动，不断提高公民的科技文化素养，适应新时代的人类生存挑战和社会竞争。因此，应当在教育伊始就将科学素养纳入其中。

（二）公民科学素养需要尽早、深入培养

从目前我国已经颁布的各种教育计划政策来看，我国越来越重视对公民技术科学素养的深入培养，但对公民基础技术素养培养的重视、普及程度远不如公民科学素养高，这主要是公民科学素养与专业技术缺乏辩证统一造成的，我们更加倾向和习惯于用公民科学素养教育来覆盖公民基础技术素养，或者将其统称为培养公民科学素养。因此，从基础教育阶段、小学阶段就应该着力培养公民的基础技术素养。

（三）小学是国民教育的基础阶段

科学技术对个人职业发展的影响是全方位的。为了未来有更好的发展，社会和国家都对普通公民的科学素养和技术素养提出了明确的要求。国家是由每个相对独立的社会

个体组成的。社会经济发展不仅要求我们具备一定的科学技术职业素养，国家的经济发展也同样要求公民具备一定的科学技术职业素养。这间接验证了个人职业发展对工程技术专业人才的巨大需求。早期基础教育对每个独立的社会个体都非常重要，因此，有必要在基础教育发展阶段重点培养小学生的专业技术技能素养。

二、小学科学中的技术教育因素

（一）科学认识过程的实验

利用实验可以获得关于因果关系的科学观察力，首先可以通过观察和设计测量各种仪器的设备使用情况，遵循基本技能要求训练操作程序——通过讲解、示范、模仿和综合练习，使学生达到熟练使用，强调操作标准化和操作准确性，了解、掌握使用技术设备的基本技能要求。其次，研究因果关系的应用观察技术实验"观察渗透理论"，利用研究因果对应关系的实验归纳分析思维设计方法，实施技术设计方案，获得相关观察技术实验设计结果（观察证据或设计数据），体会观察技术可以使用设计提案方法，按照观察技术设计方案要求，强调观察技术使用过程。举例来说，一些旨在研究确认自然因果关系的科学实验，应当以一般性的科学理论原理为大前提，提供可能满足这些大前提的科学例子（小前提），得出可能满足这些大前提的个别科学结论。这其实就是人类思维的一种演绎和再现。

（二）对科学原理的运用

根据人们在众多物理实验或科学实践成果中总结提出的人类科学生活原理，生产者可加工研制一类新的技术性产品，实现人类技术生产原理和人类科学生产原理的综合研究应用价值。例如人类已经利用电流中的热效应和电子能量相互转换的科学原理成功开发了各种电能热水壶和智能电饭煲；1957 年人类利用电子超声波的反射原理成功发明了电子雷达。

（三）体验科学技术

技术教育和科学课程的主要区别体现在学习效果上。如果学的目的是为了获得对科学基本概念、规律或基本原理的深入理解和实际应用，则应该属于科学类；如果学的是对技术管理因素的实际应用，那么就是一门技术类课程。科学技术教育课程因其对科学技术职业教育的突出价值体现，需要与其他科学技术课程相区分，这样既能保证对学生技术素养的培养，又有助于保持科学课程的科学性和认知性。

三、小学科学技术教育的策略

（一）分类科学课程

小学科学课程包含许多的科学经验以及技术性的内容。为了借助小学专业科学技术课程培养小学生的专业技术科学素养，首先需要对小学科学技术课程内容进行科学分类，然后根据不同学科课程的教学特点采用合适的技术教学方法。科学技术类与生产类课程主要侧重于技术相关产品的工业设计、加工和批量生产。例如如何制作生态塑料瓶和生产船。技术师的应用性课程泛指专业技术师对产品的实际应用，通过对实际技术应用经验的总结和分析帮助小学生理解其基本性质、结构和应用功能。例如各种类型的蓄电池的组合使用、杠杆的组合应用等。技术应用意识课程内容主要侧重于加深小学生对我国高端技术飞机产品基本性能和应用功能的理解和基本认知，如对高端飞机模型以及飞行控制原理的深入理解和飞行体验。不同类型的学生体验式专业技术培训课程具有不同的教学特点，因此要选择不同的课程教学策略和不同的教学方法，最终的教学目的是培养学生良好的专业技术素养。

（二）小组合作参与实践

对于技术科学类课程，教师首先要明确此类课程所具有的特点，即培养学生的动手实践能力，让学生在科学规范的指导下通过实验操作总结技术原理，从而形成自己对理论的理解和认知。比如在"造船"活动中，教师可以先给学生演示造船的整个过程，让学生能够从整体上搞清楚船的内部与外部结构、具体功能和应用条件等。然后将学生进行分组，给出"造船"的教学任务，指出造船的具体目标和未来作业用途，要求每组学生积极合作共同讨论制定造船生产方案，明确造船的具体生产工艺、结构及其特点和具体适用范围。在制作计划的指导下，各组学生积极讨论如何动手制作一艘小船，在完成具体分工后开始制作。制作成功后，小组派学生代表现场讲解作品的艺术表现和实际应用。经过多个小组合作和自主动手实践，最终可以发现，学生不仅拥有无限的创造力和想象力，而且善于动手实践，独创能力强。

（三）参照说明

科学技术型课程的目的是通过对现有应用技术和新产品的理论学习、实验操作和实际应用，掌握其基本性能和应用功能，逐步加深学生对应用技术的基本理解。为此，教师还可以为学生量身准备一些日常使用信息技术设备的说明书，让广大学生仔细阅读使用说明书，掌握相关产品具体操作流程规范、特点和性质。学生可以根据使用说明书，自己动手实践操作，掌握相关信息技术产品的基本性能、功能和实际用途。

（四）引入多媒体应用

技术应用认知培训课程侧重于引导学生深入了解和正确认识高端信息技术，包括高端信息技术的历史起源、发展和作用。了解和掌握高端信息技术的基础知识和基本理解，教师可以引入多媒体、网络、计算机等多种设备及技术辅助教学，用大量的图片、视频和教学资料向学生展示高端信息技术从最初产生至今不断发展的整个过程，这样既能充分激发学生的学习兴趣，还能丰富课堂教学组织形式，让课堂充满活力。

从小学阶段开始着力培养学生的技术素养非常重要，不仅可以促进技术教育的快速、高效发展，还能使学生更好地成长，将来成为新时代国家建设需要的具有技术素养的人才。

第二节　小学课程建设中的德育融合

由于学生的心理发展还不成熟，需要教师引导学生建立正确的价值观和人生观，在教学过程中帮助学生树立正确的学习观。德育可以很好地调节学生的行为和认知。传统的道德教育多由教师以灌输的方式进行，导致教学效果不理想，学生对德育产生厌倦。小学综合实践课的出现改变了传统的教学方式，在教学过程中，具有了很强的目的性和合理性。通过实践活动培养小学生的道德意识，将道德教育渗透到小学生的日常生活中，可以更好地实现教学目的。

一、在基础课程中融合德育

基础课程强调小学生基本素质的形成和发展，是所有学生的必修课。道德和法制课程是培养学生理想、信念和社会主义核心价值观的主要途径，也是培养学生良好习惯的主阵地。提高德育的针对性、实效性和感染力，可以使学生在德育情感、德育判断、德育行为等方面实现和谐发展。语言课程具有人文性与工具性相统一的特点，语言教学不仅要授业、解惑，而且要讲道。德育与小学语文教学如影随形。教师要善于在课文中挖掘德育素材，创造适合学生年龄特点的德育情境，使德育能够潜移默化地培养学生的世界观、价值观和人生观。

二、建设良好的德育环境

小学设置综合实践活动课程的首要任务是认真组织教学内容，营造良好的德育环境。

为了提高德育效果，必须合理安排和组织德育内容。第一步是根据教学需要选择合适的德育科目。在选择过程中，必须严格按照教育的理念和目的进行筛选。学科要满足当代小学生的发展要求，具有教育发展的新特点，对小学生有更大的意义和启示。小学生的认知能力有限，必须保证教学科目能被小学生接受，不能脱离小学生的生活范围。学校必须严格选择教学科目。如果教材超出了学生接受的范围，将直接导致学生学习兴趣的下降，失去德育的意义。例如在尊老爱幼的教学活动中，教师需要将这种思想渗透到学生生活的各个方面，如家庭、学习、课外活动等需要合理配合，共同进行道德教育。这样，学生才能更好地理解德育的意义。

三、加强理论和实际联系，开展多元化实践活动

大多数教师在对学生进行道德教育时，只根据课本的安排依次解释理论知识。枯燥的内容难以引起学生的兴趣，主要是因为他们所学的东西和实际生活之间缺乏实质性的联系。为了使学生认识到"点滴式"德育的重要性，教师应将生活要素融入学习内容，选择与学生关系密切的典型故事和电影，通过书籍、杂志、黑板报等形式进行展示，使学生感受到德育所具有的正能量；通过典型，产生对典型人物和行为的尊重；逐步辨别哪些是值得做的，哪些是不值得提倡的。教师作为德育课的重要管理者，应该发挥模范带头人的作用，在日常德育教学过程中，严格自我约束，端正自身的思想作风，言传身教，引导学生养成正确的道德观念和良好的行为习惯。

四、通过开展自我认识活动，培养学生的公德

对于学生来说，自我认识一般包括三个方面：现实自我、理想自我和镜像自我。因此，教师在实施教学实践时，应从这三个方面入手。所谓现实自我，是学生对自己实际学习能力的理解，一般基于自我认识；理想自我，是学生对自己的学习能力的想象或期望；镜像自我，是从别人的眼睛里看到的自我形象。这三个方面的自我意识属于抽象层面，学生很难理解，教师可以通过丰富的生活经验和专业理论知识引导学生，鼓励学生自我反思，让学生通过自我反思建立相关概念。在教学中，教师有责任对学生进行全面的了解，对学生要有深刻的认识，这样才能帮助他们根据自身特点建立有利于进步和发展的自我概念，保护学生的自尊和自信。教师要在小学生中开展科学的自我意识活动，帮助他们形成良好的生活和学习习惯，使他们遇到困难时能够始终保持积极的态度，以良好的心态和热情做出反应，形成良好的品格。

五、避免网络的负面影响，对学生进行德育渗透

相对而言，学生的思想比较简单，对大多数事物没有明确的判断标准。网络给学习和生活带来了许多便利，但网络信息良莠不齐。学生容易受到各种不良信息的影响。尤其是在互联网日益发达的时代，学生容易沉迷于网络世界，网络问题成为影响学生身心健康的隐患。因此，在小学德育过程中，教师应自觉提高学生分辨是非的能力。要努力从思想层面提高学生的道德认知水平，使他们能够判断出事物的好坏。无论是在学习中还是在生活中，教师都应该规范学生的行为，使学生能够理解道德规范，只有对每件事都有明确的判断，才能抵御网络的不利影响。学校和家长应加强相关管理工作，确保学生能够正确认识事物。教师应引导学生正确使用网络，利用网络帮助学生在学习中获取信息，利用网络解决学生生活中的实际问题，使之成为学生获取知识的有效途径。

总之，在小学教育教学阶段，小学德育教学是一项非常重要的内容，直接影响学生的思想水平和个人素质。现代教学应充分认识到德育的重要性，并将相关的教学理念融入现有的教学体系。相关教育工作者应积极开展道德教育，做好与学生家长的沟通，更好地开展相关教学工作，使学生更好地成长。

第三节　基于核心素养的小学课程整合

为应对 21 世纪的复杂性、多变性与不确定性，应培养儿童分析、解决问题的能力、批判性思维能力和创新能力等核心素养。整合课程的目标是发展核心素养。这就要求我们思考如何矫正当前课程与生活割裂、课程过度分化等问题，思考如何在课程与儿童、课程与社会、课程与生活之间搭建桥梁，从而实现课程目标与核心素养精准对接。

一、小学课程现状调查分析

当前，各学校存在国家、地方、校本三级课程体系。在调查的 35 个学校（包括城区小学、集团校区、九年一贯制学校和农村中心小学）490 位教师样本中，小学课程主要存在三个方面的问题。

（一）分科过细，名目繁多

有 80.5% 的教师认为，小学课程分科过细，国家课程、地方课程和校本课程种类过多；

82.6% 的教师认为，小学学科课程缺乏"体系性"，呈现"碎片化"；89.2% 的教师表示，如果按照常规分科教学，不少地方课程和校本课程安排不了专门课时进行教学。

（二）课程交叉，目标重合

本次被调查者中，86.3% 的教师认为小学各级课程之间存在目标重合的现象，90.1% 的教师认为不少学科的课程内容之间存在着重复交叉的现象，82.3% 的教师认为小学各学科整合不够合理。73.6% 的教师认为国家课程《科学》《品德与社会》与地方课程《环境教育》《安全教育》《国防教育》等在内容和目标上交叉重复较多。

（三）内容分化，功能缺失

调查中，85.6% 的教师认为，小学教材呈现的内容与生活联系不够紧密，82.4% 的教师认为，儿童课内学习与课外实践分离，不利于课程综合育人。其中，85.2% 的教师认为，小学数学课程结构缺乏系统性和生长性，形式化、标准化问题较多，不利于儿童思维素养和创新素养的形成。86.4% 的教师认为，小学语文教材阅读量满足不了儿童的阅读需求，制约了儿童语言建构与运用、审美鉴赏与创造等核心素养的发展。

当前小学课程确实存在学科过于细化、繁多，课程内容之间相互交叉，课程目标之间相互重合，课程内容与儿童的生活实际情况脱节等现象。"碎片化""割裂化"的课程在一定程度上影响了综合育人的效果，制约了儿童核心素养的发展。

二、基于核心素养的小学课程整合原则

要实现儿童核心素养发展的目标，必须在遵循课程建设本质和规律的基础上，破解当前课程"学科本位"的难题，整合现有国家课程、地方课程和校本课程，让课程更加人性化，体现人道、助力人生。课程的优化重组亟待进一步明确：基于核心素养整合后的课程目标定位是什么？课程内容如何设置安排？怎样的课程方式更能促进儿童核心素养的形成？

（一）合情——课程目标与核心素养精准对接

课程是无边界的，学科与学科之间有着不可分割的联系。就像绘画作品中有文学，文学作品中有艺术，科学中有人文，人文中也有科学一样，学科之间是没有严格界限的，并非必须划清学科界限，可以尝试着溢出边界。

（二）合理——课程内容与核心素养高度关联

当前小学课程内容虽然比较"丰富"，但仍然存在课程内容与核心素养培养关联度不高的问题。尤其是关于自主发展、社会参与、实践创新等内容缺失，甚至严重不足。课

程整合，就要科学地将两门或者两门以上的学科课程内容融合在一起进行教学，教师利用整合后节约出的课时实施校本课程、班本课程，或引领学生进行项目化、主题化的研究性活动，目的是达到甚至超越整合之前的单科课程目标。也就是说，课程整合并不是简单地合并或增减，而是巧妙融合，将课程内容与核心素养的培养高度关联起来。

（三）合趣——课程方式与核心素养无缝链接

当前落实核心素养时一个最大的误区是忽视了课程教学方式与儿童学习方式变革的重要性。核心素养的提升主要依靠儿童自己在实践中感悟和积累，课程教学方式应该更多引领儿童自我体验、自主探究、自主发展、自我超越。与核心素养无缝链接的课程在学习方式上倡导项目化、主题化、个性化的学习，帮助儿童形成乐学、善学的兴趣和志趣。

三、基于核心素养的小学课程整合策略

教育必须一切为了儿童，必须高度尊重儿童，必须全面依靠儿童，否则，教育工作就会做不对、做不好、做不了。探索基于核心素养的小学课程整合，便是尊重儿童特性，借助核心素养整合小学课程，使核心素养在小学阶段的落实工作具体化、可操作。

（一）学科内统筹调节——结构化学习，融通学科课时

所谓"结构化整合"，是指在原有教材基础上，依据学科逻辑，抓住具有种子能量的、最基本的、起决定作用的核心概念，作为知识网络的节点，规划知识网络图，进行合理的调整、删除、合并、增加、改进。即在学科内通过抓概念、抓联系、抓结构，统率整个知识系统，统筹课程内容。

比如《一位小数的意义》的教学，可以先借助没有刻度的整1米尺，与计数器相联结，引导儿童直观体验当整数不足分时出现的分数或小数。然后，借助现实问题情境——有分米刻度的1米尺，体会分数与一位小数的关联，感悟十分之几米（或十分之几元）与零点几米（或零点几元）的关系，发展程序思维。接着，借助竖起来的直尺、计数器上的小数点以及正方形里的小数，突破10/10=1.0，11/10=1.1……体会由纯小数到带小数，十进分数、计数单位和进率之间的关联，发展抽象思维，建立模型X/10=0.X。最后，借助计数器上的数位顺序表，由米与分米、元与角对应的一位小数，拓展到由厘米、毫米……对应的两位小数、三位小数，进一步感悟小数表达并连接整数概念，发展形式思维。

这样，将国标版本小学数学教材中相似或相近的课时内容都进行了融合，包括一年级上册《有趣的搭配分与合》、三年级上册《我们身体上的尺》、三年级上册《分数的初步认识》、三年级下册《小数的初步认识》、五年级上册《小数的意义和性质》、五年级

下册《分数的意义和性质》，达到了学一点见一片的目标，帮助儿童提升了从由外而内的结构理解，到由内而外的创新发展。这样的教学体现了由重视学科到重视儿童认知心理结构的变化，体现了由重视课时目标到重视经历完整数学学习思维过程的价值，体现了由重视显性数学课程到重视隐性课程的融会整合的变化过程。

（二）学科间跨界融合——项目化学习，跳出思维框架

核心素养是知识、技能、态度情感的集合，具有整体性，不能孤立地分别进行单独地培养或发展，尤其是当核心素养作为课程目标时，需要加强课程综合性和整体性。就像生命一样，儿童的素养原本是一个整体，知识也应是无边界的，分科教育其实并不是儿童认识世界或认识现象最自然的最佳方式。自2015年以来，姜堰开启了基于核心素养的小学课程整合探索，鼓励实验班教师尝试在核心素养的观照下，将文学、科学、艺术等学科进行合理化整合。

学科间的跨界融合项目化教学，可以由一个任教多门学科的教师，根据教学内容和儿童需要，将不同学科的内容进行整合，形成"大课程"。比如江苏省泰州市姜堰区白米中心小学的潘兆良老师，将语文与美术学科融合教学，根据不同年级儿童的生理与心理特征，引导儿童绘写童画日记：三年级儿童为古诗配画；四年级儿童为美文配画；五年级儿童为名著配画；六年级儿童为习作配画；使儿童画与读写实现了多样性的结合。

学科间的跨界融合项目化学习，也可以由两位、三位甚至更多位教师协作执教一节课。比如，围绕科学课本中"植物的叶"这一主题，科学教师与语文教师合作上课。上课前，两位教师分别列出各自的教学目标和大致的教学程序，科学教师采集大量不同种类的树叶。课始，语文教师围绕"每一片树叶到了秋天都是……"句式，引导儿童想象说话，在此基础上，带领儿童一起朗诵关于叶的诗歌，渗透赏析方法。接着，在诗情画意中，科学教师登场，感性切换成理性，开始探究叶子的秘密，带领儿童观察、认识叶的组成，了解叶的生命特点，进而认识生命。然后，进行"找回自己的叶子"的游戏，让儿童认识生命的独一无二。最后，语文教师就可以自然地引导学生认识自己、接纳自己，树立自信。一堂课，有观察，有表达，有游戏……儿童积极参与，主动表达，真正成为儿童的课堂。

（三）班级间选课走班——个性化学习，做最好的自己

笔者对4563位1~6年级儿童调查后发现，94.3%的儿童希望有机会做出自己的决定，98.4%的儿童希望有机会选择自己特别感兴趣的课程，92.1%的高年级儿童表示自己想在一个"成长农场"而不是"考试工厂"里学习。怎样才能做到共同标准与个体发展需求相适应？姜堰小学每周五下午实行社团"选课走班"制，"选课走班"的课程内容可

以根据儿童的兴趣爱好确定，"选课走班"教师以学校有特长的教师为主，也可聘请校外专家做补充。每学期初，学校统一公布课程安排，儿童根据兴趣特长，自主选择课程内容。这样就能确保儿童既"脚踏实地"，又"仰望星空"。

四、基于核心素养的小学课程整合系统支持

课程整合要基于核心素养，突破学科界限，有机整合相关课程要素，就离不开课程资源、教师素养、评价系统的配合与支持。

教师课程意识的唤醒。在传统的课程研究与实践中，受二元论思维模式的影响，不少教师认为课程是教学过程之前和教学情境之外预先规定好的，教学的过程就是忠实而有效地传递课程内容的过程。受这种分离观念的影响，作为一线实践者教师，已经习惯把自己定位为服从者和执行者，否定了自己在课程建设中的主体地位和引导者角色。然而，对学校课程而言，无论是整个教学体系的设计开发，还是某门课程的具体实施，其实效性都是因时、因地、因人而异的，只有教师把自己作为课程建设的真正主体，才能实现学校课程建设效益的最大化。为了打破姜堰区教师教学过分依"纲"扣"本"的常态，促进教师放开手脚，联系实际实施课程，2016年初，姜堰区启动"国家课程校本化实施创新班"实验，鼓励教师根据自身优势和学生实际，基于国家课程标准，形成独特的国家课程班本化实施方案。经过"教师申报、学校审核、现场答辩"3个环节，先后确定了4批覆盖全区35所小学（校区）的374个"国家课程校本化实施创新班"。

丰富课程资源。课程是"为实现学校教育目标而选择的教育内容的总和，包括学校所教各门学科的有目的、有计划、有组织的课外活动"。课程整合不仅要实现课程内和课程间教学目标、教学内容、教学方法的整合，也要做到课内课外、校内校外各种课程资源的整合。比如溱潼实验小学美术教师李如芳，充分利用家乡国家5A级湿地公园、"中国·溱潼会船节"、溱潼砖雕、古民居等地域资源，开发了地方特色课程"印象溱湖版画"，将版画内容与美术教学、综合实践活动相结合，带领儿童走进风景区、走进古镇，采风创作，感受家乡传统文化的魅力，定期组织"爱我家乡版画溱潼""童心版画会船节""百名儿童版画溱潼"作品展评活动，鼓励儿童用手中的画笔描绘家乡的发展。"印象溱湖版画"特色课程先后三次被中央电视台采访报道，"'印象溱湖'版画特色课程基地建设"成功申报为江苏省特色文化建设工程项目，儿童版画作品多次参加省内外美术馆举办的相关展览活动。

形成适合的评价机制。核心素养外显部分能够在特定情境下通过一定的方式表现出来，能够有效地对其进行定量测评；内隐部分则偏向于一种潜移默化的隐性渗透过

程，需以定性的、形成性的评价的方式进行评估。为适应基于核心素养的课程整合实践，2015 年 12 月，姜堰开启了小学评价方式改革实验：“快乐游考”“变脸纸考”“试水免考”。所谓“快乐游考”，也就是通过游戏化的方式考查纸笔考试中无法考查的学科素养内容。比如动手实践素养、口头表达素养、实践创新素养等。“变脸纸考”也就是改变传统纸笔考试中过多关注事实性知识的现象，将纸笔考试试卷“变脸”，着重考查学生的核心素养。“试水免考”则让评价更加关注人性，包括创新班免考、资优生免考和学困生免考。“创新班免考”，即区级创新班教师在实验周期内，可以申请不参加区级学业水平质量监测，待实验周期结束后展示创新班实验成果。“资优生免考”，是指不超过班级人数 2% 的资优生可以向学校书面申请学期免考，参加更具吸引力的免考生课程。“学困生免考”，是指不超过班级人数 2% 的“学困生”，可由任课教师或家长申请免考，前提是教师不能放弃教育和关怀责任，且得到了儿童和家长的充分认可。姜堰区创新后的评价机制，如同一双强有力的大手，推动着基于核心素养的课程整合向着儿童生长的方向良性发展。

课程无边界，但课程似“跑道”。核心素养落地的关键是建设相应的课程。倘若课程跑道的方向偏了，核心素养也就成了空中楼阁。改革不可能一蹴而就，姜堰区的课程整合还有许多亟待完善的地方。但只要坚定信心，持之以恒，姜堰区的课程整合一定能为核心素养的落地提供有力的保障。

第四节　STEAM 教育理念下的小学课程

一、STEAM 教育理念下的小学课程建设可能

（一）创新人才培养的课程目标

STEAM 教育理念脱胎于 STEM 教育，核心理念为 S（科学）、T（技术）、E（工程）、A（艺术）、M（数学）等学科及其交叉学科的融合性教育，以创新人才培养为主要课程目标。该教育理念源自美国，是美国重要教育理念之一。我国小学课程建设，追求学生全面而个性的发展，强调核心素养的培养，尤其是创新人才的培养，这与该教育理念的目标是相同的。

（二）灵活多变的教学方式

STEAM 教育理念下的课程教学，强调根据学生的学习状态灵活施教。无论应用哪

种教学方式，都应体现学生的学习探究过程，实现学生对知识的主动建构，强调学习与生活的联系及知识的生活化应用。我国的小学课程建设，在陶行知教育理念的影响下，也强调生活化教学，注重探究性的学习，要求教跟随学的变化而变化，与该教育理念的思想内涵殊无二致。

（三）跨学科的课程学习内容

STEAM 教育理念倡导跨学科学习，强调教学应体现学科知识联系性，不关注"一对一""一对多"问题的解决，更加倾向于"多对一""多对多"问题的处理。我国的小学课程建设，也开始关注其他学科知识在单一学科教学中的应用，重视知识的联系性，给教师提出了"引导学生创新性处理问题，而不局限于解决思路模板的学习"的要求，这与该教育理念也是一致的。

（四）多元化的评价体系

STEAM 教育理念下的课程评价，不以成绩论高低，而是从行为表现、学习态度、人际交往、综合能力等多个方面进行综合评价，综合评价主体也不再是教师，而倾向于由教师、家长、学生、教学管理者、媒体、社会等个体组成的多元主体。以信息技术为支撑，强调多种评价方式的协同配合，坚持过程与结果相统一的评价取向。我国小学课程建设也突出强调了要对评价内容及形式进行创新，倡导构建具多样性、全面性、统一性的评价体系，与该理念趋同。

二、STEAM 教育理念下的小学课程建设价值

（一）完善人才培养体系

创新人才的培养要抓住小学阶段这一重要时期，STEAM 教育理念对我国小学人才培养体系的完善有积极的促进作用。在新的时代背景下，怎样弥补教育系统中存在的缺陷，突破发展困境，已经成为小学改革要解决的主要问题。STEAM 教育理念以学科融合为基础，以创新人才的培养为目标，给我国小学教学改革指明了方向。我国基础教育要取得长足的发展，就应当调整课程目标，致力于培养创新人才。

（二）整合课程内容

内容整合是课程建设的重要环节，STEAM 教育理念对我国课程内容的整合有积极的推动作用。该教育理念给出了两个整合维度：其一，学科知识方面，通过对不同学科知识的全面分析，探寻知识间的联系，找到相通点，构建以知识为主的内容体系；其二，生活方面，通过对实际生活现象的分析，探寻可用于解释该现象的学科知识，以现

象为媒介，构建以生活为主的内容体系。在实际课程建设中，可根据实际需要选择整合维度。

（三）优化教学方式

一成不变的教学方式培养不出时代所需的创新人才，STEAM 教育理念下的课堂教学，方式多变，更加注重师生、生生的情感互动，对我国教学方式的优化有积极的推动作用。我国小学课程建设中面临最大的问题就是教学方式单一，教师教学没有动力，学生缺乏兴趣。应用该理念，可有效解决这一问题。

（四）形成多元评价体系

评价是判断课程教学是否达到预期的重要途径，STEAM 教育理念可助长多元评价体系的形成。从目前情况来看，我国小学课程建设在评价方面仍存在问题，如主体单一、标准僵化、结果片面等问题。该理念所倡导的多元评价可为我国小学课程评价体系的形成提供借鉴，有助于解决现阶段课程上存在的问题。

三、STEAM 教育理念下的小学课程建设思路

（一）调整课程目标

将知识技能教学转化为创新人才培养，充分考虑培养的方向、方法、内容及价值追求，把握学校、学生的实际情况，将创新融入知识、技能学习及实践活动，使其成为教育教学的核心目标，平衡好人才培养和教育教学的关系。

（二）整合课程内容

在内容整合点的选择上，可以知识间的联系、生活中的现象及学生的已有经验为主，以问题、任务或者项目的形式进行整合，把握好知识的独立性和联系性之间的矛盾，既要让学生掌握单个学科的知识点，又要使其能够对多个学科的知识进行综合运用。在整合方式的选择上，可以学科交叉为主，具体可借鉴清华附小"1+x"的实践经验。学校根据 STEAM 理念将校本课程分成五个部分，同时将其与国家基础课程联系在一起。

（三）优化教学方式

主要选择任务/项目驱动、问题导向、合作探究等教学方法，辅以其他教学方法与信息化手段，突出学生的探究学习过程。在教学前，学生运用任务单、微视频、课件等进行自主学习，发现问题；在教学中，学生尝试运用多种方式解决学习上遇到的问题，教师仅起教学辅助作用；在教学后，展示学生学习成果，教师总结并开展创新评价活动。

（四）完善 - - 评价体系

在评价主体上，鼓励学生、家长、教学管理者、社会等共同参与；在评价方式上，主要应用自评、互评、集体评且过程与结果相统一的多种方式；在评价内容上，不唯成绩论，而以学生的综合素质及其在课堂、课外实践活动中的表现为综合评价。

STEAM 教育理念下的课程教学，课程目标从知识技能培育走向创新人才培养，教学方式更加多变，课程内容不再局限于单一学科，课程评价标准由单一向多元化转化。无论是在内容还是形式上，都与当前的小学课程创新建设贴合得严丝合缝。因此，我们可以在 STEAM 教育理念下进行小学课程建设。建设过程中，调整课程目标，整合课程内容，优化教学方式，完善评价体系，形成符合当前学校发展的课程体系。

第五节　基于顶层设计理念的小学课程

一、顶层设计理念的概述

（一）什么是顶层设计理念

顶层设计理念在不同的领域中有着不同的内涵，顶层设计主要是由高端开始的整体思路，需要从大局角度，系统化地对项目建设的各个环节、各个方面以及各个层次和各个要素统筹考虑，顶层设计重视的是规划设计和现实需求的结合，注重设计目标定位上的精准以及结构上的完善，以及功能的和谐、资源的整合。

（二）顶层设计理念的主要特点

整体性。顶层设计理念具有一定的整体性。在按照任务要求明确目标之后，全部子系统和小任务都要围绕着核心目标进行活动，当各个环节的技术指标和工作任务都完成并且执行到位之后，就能获得顶层设计所期望的整体效果。

科学性。顶层设计主要是从高端开始的从上到下的设计，但是其中的"上"并不是随便设置的，是基于实践经验和自我认知之上的更高层次，顶层设计理念能在教育领域成功的关键在于其本身所具有的科学性和设计的严谨性。

简明性。在顶层设计中，不管是大系统还是小系统，不管是大任务还是小任务，在目标上要简单精准，进行整体设计的结构和思路要清晰明了，也就是说要将一些大问题、大任务转变成小问题、小任务，将复杂的问题转变成简单的问题，尤其是核心思想和顶层目标，要求简单、清晰，目标指向要精准、明确。

二、基于顶层设计理念的小学课程建设存在的问题

（一）课程建设与社会的发展相脱离

要想提高小学课程建设的有效性，所设置的课程要与社会发展相适应。调查研究发现，一些小学课程设置不能与社会的发展相适应，也不能与学生的发展需求相结合，存在严重脱离的情况，导致学生在实际学习中并不能理解要学习的内容是什么，且无法将学到的知识运用到生活中。社会的发展情况能在一定程度上影响小学课程设置，在课程设置上要与社会的发展需要相结合，杜绝课程的设置与实际发展情况相脱离的现象出现，明确社会对小学生的培养要求，全面提升小学课程建设的有效性，促进学生的全面发展。

（二）课程设置不合理

小学课程的设置都比较独立，教师备课都是根据所教授学科的内容进行的，不同学科之间的联系比较少。例如在科学课上所涉及的一些计算方法，在数学中没有学过，或者说数学课程中所学的知识无法应用到其他学科的学习中去，这也是目前小学课程设置上存在的主要问题之一，各个科目的教师只负责教授自己学科的知识，对于学科之间的联系有所忽视，不利于学生思维的培养。这与教材的编写也有一定的关系，教材重视的也是这门学科所要让学生学到的知识，教材的编写基本没有考虑与其他学科有关的内容，在一定程度上影响了小学课程的建设效果。

（三）课程结构比例不协调

小学阶段学生要学习的课程相对来说比较多，不仅有语数英的学习，还有道德与法治、科学、综合实践活动、艺术等学科的学习。目前的小学课程设置，课程结构比例存在的明显问题，主要表现在重视语、数、英，忽视素质拓展课的学习，课本与考试的要求不一致，学生不仅要将课本教材的内容学会，还要学习很多课外的知识才能很好地应对考试，这就导致学生将大部分学习时间用在了语数英的学习上，而对于其他学科的学习有所忽视，这样的课程设置对学生的全面发展产生了一定的阻碍。

三、基于顶层设计理念的小学课程建设措施

（一）调整课程结构

不同年级的学生在培养目标上存在着差距，学校要根据不同年级的教学目标组织科学合理的课程，小学阶段应以促进学生的全面发展为主，不仅要重视语数英的学习，还要重视素质拓展课的学习，不同类型的课程开设要均衡，要能满足教育部对小学生课程设置的要求。在课程设置和课程结构方面，要符合国家对于小学生人才培养的要求，还要根据顶层设计理念以及学生的发展特点，以提升学生的综合素质为目标设置课程。

（二）更新课程设置理念

要根据顶层设计的理念设置小学的课程，学校以及各年级的教师应该明确国家对于小学各阶段学生的具体培养目标以及教育方针政策，不断更新教育理念。小学阶段的课程设置要以学生为主体，以充分调动学生的学习积极性和主动性为主，以提升学生的全面综合发展为目标，打破传统的重视文化课的弊端，根据不同学校的实际发展情况引进新的课程设置理念，创新课程，最大限度地适应社会发展的需要。

（三）优化小学课程建设体系

小学课程建设要以培养学生的全面发展、提升学生的综合素质为基础，优化学生的课程体系，注重学生理论知识和实践能力的培养，提高学生的动手能力和思维能力，为学生以后的发展打下坚实的基础。在课程设置方面，要根据学生的发展需求以及教育部门对学生的教育要求开设课程，不仅要让学生学到语数英等知识，还要加强学生人生观、价值观以及动手操作能力等各方面能力的培养，从而最大限度地促进学生德智体美劳全面发展。

（四）加强教师队伍建设

教师的综合能力对于小学课程建设也有一定影响，所以，学校要加强教师队伍建设。长期以来，很多学校在进行招聘的时候都是从高校的优秀毕业生中选拔教师。这些毕业生虽然有丰富的理论知识，但是教学经验相对比较缺乏，所以，在教师引进上，应该同时考察教师的理论知识和实践能力两个方面，加强教师队伍建设。

综上所述，基于顶层设计理念的小学课程建设对于学生的全面发展以及综合能力的提升具有重要的意义，应该根据顶层设计理念制定科学合理的人才培养目标，给学生提供舒适良好的学习环境，在课程建设上更新观念，优化小学课程建设体系，调整课程结构，不断提高人才培养的质量，还需要加强教师队伍建设，让教师学习先进的小学课程建设以及教学理念，从而在实际的教学中为提升学生素养做出贡献，推动我国教育事业的不断发展。

第六节 叶圣陶的小学课程与教法思想

叶圣陶先生是我国著名的教育家，毕生关注教育事业，留下了一系列的教育著作。从课程的编订与实施到具体的教学方法，他特别重视引导学生形成正确的人生观。

一、叶圣陶的小学课程思想

（一）课程编订：树立正确的人生观

叶圣陶非常注重课程思想对学生的影响，他指出："无论学习什么学科，都该预先认清楚为什么要学习。认清楚了，一切努力才有目标，有方向，才不至于盲目地胡搞一阵。"叶圣陶先生认为："教育是有最终目的和价值准绳的，教育者的任务便是使儿童获得合理、系统的知识，确定他们的新人生观。"他主张，课程编订要帮助儿童树立正确的人生观。

一方面，编订课程要以学生为本。学生是教育的主体，教学活动要围绕学生展开，要考虑学生自身的发展和需求。对此，他指出，"小学教育是为着小学生的，小学教师是栽培小学生的，我们究竟希望小学生达到怎样的地步呢？""小学教育的价值，就在于打定小学生一辈子有真实明确的人生观的根基。"因此，课程编订要致力于帮助学生树立正确、真实、契合实际的人生观，从小培养他们的各项素质和品质，使其个性不断发展、能力不断提高，这样才能造就合格公民。

另一方面，编订课程要考虑课程结构。叶圣陶认为，小学阶段应该开设综合课程，不适合设置分科课程。在他看来，小学生年龄小，思想还没有完全成熟，认知还处于没有分化的阶段，科目分开独立，易于忘却何所需此科；全部所习，复难得有统贯的精神；徒使学童入于偏而不全、琐屑而遗大体之途。"此外，受杜威实用主义思想和陶行知生活教育理论的影响，叶圣陶的课程编订本着学生受用的原则，注重课程的实用性，重视活动课程的开发。因此，综合课程与活动课程应当是有益于小学阶段学生发展的课程结构。

（二）课程内容：立足生活本位

小学教育的基本任务是要使学生有效掌握各项知识和技能，充分发展学生的各方面能力，以适应未来社会发展需要。因此，所选择的课程内容应包括使学生成为一名优秀公民所必备的基础知识和技能。

在长期的教育实践中，叶圣陶发现了教育教学中的弊端和不足，对小学课程内容进行了深刻的剖析与批判。他指出，传统的小学课程内容脱离了学生生活，大多教师认为

"课程内容即教材",忽视了"课程内容即学习活动、学习经验"这一认知取向。在叶圣陶看来,仅仅把教材作为课程内容来实施教育教学,学生收获的也只是一些书本上的"死知识",无法联系生活实际获得相应的学习经验。这样,学生很难真正掌握知识和技能,教师也无法有效完成小学教育的基本任务。

"教育不以生活为本位而以知识为本位,是个大毛病",叶圣陶认为课程内容要立足于生活,他主张开发生活化的课程内容。教材只是教学纲要,不能一概而论地概括为课程内容本身,课程内容是一个范围广泛、意义丰富的系统。只有课程内容立足生活本位,结合实际事物,学生才能"通过文字与事物的实际打交道",才能够将教材以外的活动、经验融入思想,才可以获得真知识,养成真能力。

(三)课程实施:教是为了达到不需要教

"教是为了达到不需要教"这一思想是叶圣陶教育思想的精髓,揭示了教与学的关系,"教"即教育教学,以"不教"为目的,才能促进自身的成长与发展,实现养成全面发展的现代中国人的育人价值。一方面,这意味着教师要科学地指导学生,引导他们主动学,发挥他们的主观能动性,让学生形成良好的自学能力,从而培养出健全的人;另一方面,在教育教学时,教师也要注重联系实际生活,鼓励学生将学习与各种事物相联系,亲近生活,懂得事物的寓意,增长经验和见闻,从而更好地培养学生的实际能力,懂得学以致用。

而"教是为了达到不需要教"无疑也是课程实施的中心思想所在。叶圣陶说过:"假如学生进入这一境界,能够自己去探索,自己去辨析,自己去历练,从而获得正确的知识和熟练的能力,岂不是就不需要教了吗?而学生之所以要学要练,就为要进入这样的境界。"由此可见,课程标准只有在教育者科学地实施下,才能产生更好的效果,学生才能汲取到知识的甘霖,才能达到不需要教。

关于课程标准实施,叶圣陶认为教师应当以一种认真严谨的态度去解读课程标准,将内在的精髓通过科学正确的方式传授给学生,这样才算是科学地实施课程标准。所以,课程的实施者尤为重要,不管是国家课程还是地方课程,课程标准即便制定得再完美,倘若课程实施者消极懈怠,也不过是一张写满条例的纸而已。

二、叶圣陶的小学教法思想

(一)叶圣陶小学教法理念:以学生为中心

关于传统小学教师的教学方法,叶圣陶指出,多数教师对教学方法持有错误的认识,他们认为教学即是对学生进行讲演与讲解,所扮演的角色也仅是教科书的注释家,只是将书本知识教给学生，把学校变成了"学科杂货店"，学生所学到的也只是记诵之学。在这种以教师和课本为中心的教学方法的影响下，学生的品德修养和各种能力自然也就无法得到有效发展，难以造就"生活充实的国民"。

20世纪初，刚进入教师行业的叶圣陶，意识到教学方法的重要性，他指出，"盖以欲之不良于教授，无术以使之上侪于其他，误彼青年，余罪重矣。"批判了传统的小学教学方法忽视了学生的主体性和主动性，教师只是一味地让学生听讲和抄板书，只是不断将自己脑海里的知识和书本上的内容灌输式地塞进学生的肚子里。所以，仔细研读叶圣陶的教育思想，不难发现他的思想核心是树立以学生为中心的教学理念，教会学生正确的学习方法，旨在真正培养出社会可用的人才。

（二）叶圣陶小学教学方法论：讲练共进、教无定法

叶圣陶反对传统小学教学方法中的"记诵之学"，他指出传统小学教育方法忽视了学生的主体性，使学生缺乏对生活、人生和世界的体验与创造。因此，他主张，教师要重视"讲深讲透"和"精讲多练"的教学方法。所谓"讲深讲透"，就是教师在讲解知识的过程中要以学生为中心，设立一个标准或范围，避免过深而不切实际，也避免过多讲说而烦琐多余，这样学生才能够真正理解和接受知识。对于"精讲多练"中的"精讲"实则是"深"和"透"的进一步运用，指的都是教师层面，而"多练"指的则是学生层面，在不增加学生额外负担的情况下，学生通过练习将理解的东西转化为熟练的技能和终身的习惯。这里的"讲深讲透"和"精讲多练"的理念注重启发式教学，强调要刺激学生思维的发展，要发挥学生的主观能动性。叶圣陶认为，教师在实施教学方法的过程中，要注意讲练共进，合理有度。

此外，叶圣陶主张教学方法的多元化，他劝诫小学教师要结合自身实际，灵活运用教学方法，切不可生搬硬套。在《关于探讨教材教法的几点想法》一文中，叶圣陶对教学方法进行了精彩论述。他指出，教材只是授课的依据，教师应灵活运用教材，要走出"记诵之学"的窠臼，重在指导学生掌握自主探求知识的方法和养成解决问题的习惯。他指出，任何一种教学方法均有其优缺点，万不可"定于一"，而是要吸收优点、改正缺点，创造出适合学生的教学方法。此外，教师对教学方法的借鉴和运用，要注重结合自身情况和学生实际来适当变通，加强教师之间教法的探讨和经验的交流，以此实现教学方法的共享。

第七节　数据驱动小学课程资源开发

一、数据驱动的大背景及其特点

我们生活的时代,既是一个信息化时代,也是一个大数据时代。在这样的环境中,"数据的驱动力"就成为每一个人都需要关注并思考的内容。不可否认,数据无论是对人类的工业文明,还是人们对日常的生活状态,都已经造成了强烈的冲击。在大数据时代,每一个人都是具象的、清晰的。那么,"数据的驱动力"在教育这一行业,又应当如何运用呢? 就目前而言,"数据 + 教育"已经开始催生教育改革,从某一方面来看,大数据带来的是信息化教育改革以及教学手段的创新,是对未来教育行业创新与教学质量监控的数据依据。

二、课程资源的含义以及开发课程资源的原则

(一)课程资源的含义

所谓课程资源,从广义上来说,指的是供给课程活动,满足课程活动需要的一切。课程资源指的并不是课程活动本身,而是指构成课程活动所需要的一切素材与条件。从狭义上来说,课程资源指的是形成课程教学内容的直接来源。教师需要注意,课程资源并非只有教材、练习册、图书馆。它是一个十分广泛的概念,一切能被用于"丰富课程教学的资源",都可以是课程资源。这也就是说,课程资源是存在于每一个角落的。

(二)开发课程资源的原则

1.适应性原则

适应性原则指的是课程资源的开发必须符合不同课程标准,能满足不同学科、不同学生的需求,要以适应不同学科的不同课程目标为第一选择依据,还要兼顾促进学生的发展。例如在进行小学某个课程设计和课程资源开发的时候,不仅需要考虑到学生的一些共性问题,也需要考虑一些特殊的学生的特殊问题。除了对学生群体情况的考虑,还需要针对教师群体进行考虑,包括教师的专业技能、素质背景等。只有这样,才能够让课程资源开发真正落到实处。

2.开放性原则

开放性原则主要包括三个方面:类型开放、空间开放、途径开放。类型开放指的是

无论是何种类型的课程资源，只要能够提高教学质量，都是开发对象；空间开放指的是课程资源的开发，不论校内、校外，城市、乡村，中国、外国，只要能够提高教学质量，都可以开发；途径开放指的是利用多种方法互相协调配合，最大限度地利用课程资源。

3.经济性原则

经济性主要包括四个方面：开支的经济性、时间的经济性、空间的经济性和学习的经济性。开支的经济性指的是尽可能对经费需求少的课程资源进行开发，拒绝大兴土木，盲目引进硬件设备；时间的经济性指的是尽可能对当前具有现实意义的课程资源进行开发，不好高骛远，不盲目追求；空间的经济性指的是课程开发应当尽可能就地取材，在保证课程资源质量的前提下，能够校内开发的，不校外开发；学习的经济性指的是课程资源的开发应当以激发学生学习兴趣为主要目的。如果引入的课程资源晦涩难懂，学生难以接受，不仅难以取得效果，反而可能加重学生的负担。

三、数据驱动小学课程资源开发研究策略

（一）学生方面

课程资源的开发说到底还是为了帮助学生更好地进行学习，利用大数据对学生的学业负担以及学习兴趣进行调查，并以此结果作为课程资源开发研究的参照。课程资源的开发与研究应当关注学生的接受情况。通过大数据，能够很清楚地了解学生现阶段的学业负担，在进行课程资源管理开发的时候，要很好地进行调整，尽可能帮助学生减压。

（二）教师方面

从教师开发课程资源的时候，主要应当从以下几个方面出发：

1.教学方式的开发与研究

对于教师来说，教学方式无疑是手中的武器，只有拥有好的武器，才能够更好地打赢"教育"这场攻坚战。可以通过调查，以教学方式与教学效率为指标，对每一位教师的不同教学方法与取得的教学成绩进行横向对比。利用数据分析发现何种教学方法能够取得更好的成绩，在综合实际情况之后，向全体教师普及该方法的课程资源开发研究。

2.和谐师生关系

师生关系作为一种隐形的课程资源，一直都影响着教学效率，是每一位教师都需要重视的。师生关系的课程资源开发，相较于其他显性的课程资源较为困难，但是通过数据可以发现，良好的师生关系能够促进学生的学习，营造良好的学习氛围。

（三）学科方面

1.学科能力维度

所谓学科的能力维度，指的是学生在学习这门学科的时候或者在学习之后应当具备的能力。就小学生而言，对他们能力维度的要求并不高，还是以基础能力为主。

2.学科内容维度

学科的内容维度指的是这一门学科包括的内容。学生应当学习的知识绝对不仅仅是教材之中的，是需要教师进行拓展的，而拓展的这一部分，同样也可以作为课程资源。

综上所述，随着信息化的不断进行，"数据驱动"这一新兴产物必将运用到各个行业。对于教育行业来说，数据驱动能够更好地帮助教师解决教学难题，帮助学生解决学习难题，帮助教师开发课程资源。但是，享受数据驱动带来便利的同时，也应当注重坚持以人为本的思想，数据始终只是死物，在实际运用的过程中，一定要结合实际情况，从学校的实际出发进行课程资源开发，如此，才能取得最好的效果。

第三章　小学课程教学管理

第一节　小学校本课程管理

校本课程是为了学校的发展，以学校为本，基于学校的实际情况，由学校自主开发的课程。校本课程开发与特色学校的创建有着密切的关系。可以说，校本课程开发以学校特色建设为基础，促进了学校的特色发展。

学校在实施基于特色发展的校本课程时，往往会出现认识上的误区，认为校本课程开发就是编教材。其实校本课程区别于国家课程的最大特点就是灵活性与多样性。教材是校本课程资源的载体，但不是唯一的载体。因此，教师必须摒弃"课程即教材"的狭隘课程观；学校必须打破单一的课程形式，关注活动课程、潜在课程、非正式课程的重要作用，注重通过多元途径将多元文化知识有机结合，创建校本课程。

厦门市思明区莲前小学提出了"习惯奠基人生，创新引领发展"的办学理念，确定了以学生行为习惯养成教育作为学校特色发展及校本课程开发的主要突破口。

一、传统课堂是主要阵地

学生在校的时间大部分是在课堂、在学科教学中度过的，课堂教学依然是学校教育的主阵地，在实施校本课程教学时，不能忽视传统课堂的中坚作用，必须充分利用课堂教学资源。

相对于国家课程，校本课程的最大特点就在于它是动态的，可以根据学校、课程需要进行"私人定制"，做到课程的校本化。这种自由度在传统课堂上往往呈现出多样化的特征。在形态上，它可以以独立的课程，以单一学科的形式落实，学校或者总结原有的特色项目或者对优势学科进行凝练、提升，或者解决学校教学存在的困惑、问题进而开发校本课程，并通过固定的学科、固定的课时实施。莲前小学针对学生行为习惯养成不理想的现状开发了养成教育校本课程。课程从学生立场出发，根据学生年龄特点和心理需要，每个年级确定一个核心习惯。再由核心习惯辐射与之关联的由易到难、循序渐进的一系列习惯，并形成体系，各种习惯之间存在辐射与连锁反应的依存关系，最终驱动核心习惯的巩固与凝实。"行为习惯养成教育"校本课总课时量为34节，教学任务由各班班主任负责组织落实，一至六年级每月利用班队课授课一节，重点培养一个习惯，每个习惯都安排了"知识""实例""情景设置""问题""训练""评价"六个模块的内容。

校本课程在实施形态上也应重视提升学科融合性，即打破学科间的限制，多门学科可以有机结合，在不同学科中开发相应课程，与现有课程相融合。莲前小学围绕习惯养成，为课堂中的师生定规矩，制定了"教师工作基本习惯""学科学习习惯要求"，依据不同学科的特点，分学科提出具体要求。学校还在二年级开设了跆拳道课，既教授运动技能，也熏陶礼仪修养；在四年级开设了剪纸课，既传承传统文化，更能培养学生安静、专注、耐心谨慎做事的习惯。

校本课程的自由度还体现在授课阶段与授课时间设计上的多样化。从课程的实施阶段来看，允许学校根据校本课程的需求确定实施阶段的长短，可以设计长距课程，也可以设计短距课程，甚至有些校本课程具有非常强的时效性，必须根据当时当地的环境变化，围绕学校办学理念，紧抓稍纵即逝的教育机会来设计并实施。当然，在单一课时的时间把握上是自由的。一课时可以维持40分钟的常态，也可以根据课程需要进行重组，调整为20分钟。如"快乐阅读"主题校本课程，学校可以每周安排一节常规阅读课，对学生进行系统地课外阅读指导，也可以分解成每天10分钟的美文赏析活动，天天积累，日日浸润。

二、实践体验是必要手段

校本课程是一种动态、生成、体验的课程，课程内容基于学生的直接体验，密切联系学生日常生活和社会生活，着重加强学生对知识的综合运用。因此，校本课程的开发，强调让学生在感悟的过程中获得经验。只有采用灵活的学习方式、宽泛的社会实践内容，关注学生的个性发展，才能更好地培养学生良好的学习习惯和探究能力。不同学者都强调了校本课程实施中实践、体验的重要性。对学生来说，认知、体验和感悟是同等重要的，校本课程若只有知识传授而忽视体验和感悟则会失去生机和活力。可以说，兴趣是最好的课程，一切课程都应让学生感到有新意，有兴趣。校本课程必须跳脱僵化的讲授与空洞的说教，甚至连课堂表现形式与教学方式都需要改变，不必局限于教室、课堂，可以深入学生生活的方方面面，一堂课可能就是一场活动，也可能是一次体验，上课场所可以在教室，也可以在户外，甚至是大自然，目的就是要让学生在游戏、体验中尽情地感悟，在自主思考、发现及互动中明理。

莲前小学养成教育校本课程中，"自己的事情自己做"一课的教学就是一场整理书包或，系鞋带比赛；"懂得自我赏识"一课的教学就是一场户外心理游戏；同样的，学校通过军训帮学生正身姿、塑形象；以互动式感恩讲座引导孩子懂得感恩……一个个游戏、一次次互动体验潜移默化地改变着莲前小学学生的习惯认知与日常行为。

三、多彩活动是重要载体

活动是学校培养学生能力的重要手段，校本活动课程化是基础教育课程改革规范化的需要，也是学校校本课程构建的重要渠道之一。因此，以活动为主要方式的校本课程强调学生应在活动中学，注重直接体验和经验积累，反对重理论轻实践、重知识轻能力。当然，不是任何活动都能成为校本课程的载体。学校在设计课程化的活动时，必须在强调课程意识下，立足于满足和提升学生的成长和发展需要，进行系统、精心地规划，提升活动的有效性和针对性。重策划、成系列、有评价是活动课程化的明显标志。

培养良好的行为习惯，仅停留在校本课程课堂教学上是远远不够的，那样很容易变成说教课。只有教学与活动相结合，教育内涵不断丰富，外延不断拓展，对学生的行为习惯培养才能更加扎实、有效。莲前小学每学期都会精心规划并开展大量的主题活动，这些活动对应着相关的习惯教育主题，是活动化的校本课程。只是课堂表现形式与教学方式发生了改变。

厦门爱乐乐团曾经为莲前小学近800名学生进行专场演出。第一次接触"高雅音乐"，如何让学生会听、懂得听，细到怎么起立，如何鼓掌，怎样献花……门道不少。尽快了解并掌握基本的音乐会欣赏礼仪就成为与会师生的必修课。学校德育处还特地对学生进行音乐会欣赏礼仪教育。正是因为有了充分的前期准备，那一场交响音乐会非常成功。孩子们不仅感受到了音乐的魅力，还经受了一次文明的洗礼，使孩子们的素质、涵养都得到了快速提升。

四、人文环境是必要补充

校本课程的开发，倡导的是一种具有学校特色、凸显课题的校园文化。校园环境是特色文化外观的体现，彰显着学校的人文素养，能给学生以无形的教育，对师生的影响不可低估。从某种角度来说，人文环境本身就是校本课程实施的途径。学校应积极创设学校课程资源环境，如优化学校物质文化环境，营造浓厚的、丰富多彩的、积极向上的精神文化氛围，强化学校制度等。让校园的每一个景点、每一个角落，每一堵墙壁，每一块黑板，每一条标语都成为课程资源、课程实施渠道。

莲前小学力争让环境成为隐形的课堂，给学生以无形的教育。学校在学校广场竖立"养成良好习惯，奠基幸福人生""弟子规"主题雕塑、竖立"忠、志、义、信、毅、和"六根主题石柱，楼梯处设置"好习惯终身受益""教育就是养成习惯"等宣传标语，廊道上张贴好习惯名人名言、名人好习惯的故事、好习惯的要求等宣传画，洗漱间的水龙头、整容镜旁也张贴良好习惯养成提示语，时时处处对学生进行提醒、教育。

总之，基于学校特色发展的校本课程设计与管理，实施路径一定是多元的，一定是学习时空丰富多样，不论课堂内还是课堂外，不论物化形态还是非物化形态，不论显性的还是隐性的，一定是充分挖掘各种资源，借助各类媒介，让学生通过实践、体验，在承担责任中理解责任，在运用知识中丰富知识，在展示才干中增长才干，在参与竞争中学会奋斗。

第二节　小学教学课程常规管理

课程是对教育目标、教学内容、教学活动方式的规划和设计，是教学计划、教学大纲等诸多方面实施过程的总和。校长是学校发展的第一责任人，也是提高教育教学质量的第一责任人。校长要采取有效措施，对教师的教学行为进行管理、调控，使其明确课程承载的育人功能和具体目标，更好地完成教育教学任务。

一、加强常规制度建设，保证课程实施

科学、合理的制度是全校范围内大家共同遵守的行为规范，是实现学校教学目标的可靠保证。日常教学管理中，校长要加强常规制度建设，保证课程的有效实施。

首先，开足、开齐三级课程。新课程改革重新划分了国家、地方、学校课程在整个课程计划中所占的比重，学校真正拥有了选择的余地。那么学校教师要结合本地的地方特色，研究有关校本课程，并在教学实践中不断完善和改进，切实促进学生的全面发展。学校还要加强地方课程的建设与实施，确保学生的全面发展。

其次，规范课程表的管理与使用办法。系统学习文化科学知识是小学生最主要的活动之一，为了使文化科目的学习更加符合小学生的思维规律，更加符合小学生的心理活动规律，学校教师一定要在共同商议的基础上，结合国家课程的相关要求，制定一份科学、合理、规范、实用的课程表。各科教师要严格按照课程表来开展教学活动。

最后，严格落实监督检查制度。日常教学管理中，校长要加强对课程落实工作的督

导、检查和指导力度。尤其是一些地方课程和校本课程，杜绝主要课程占用地方课程的现象，切实促进学生的全面发展。

二、加强过程管理，提高精细化程度

日常教学管理中，校长要加强对课程的过程管理，包括制订教学计划、备课、上课、作业布置与批改、考核评价。通过加强课程实施的各环节的管理，提高课程的精细化程度。

其一是制订教学计划。各个年级各个学科的教师都要制订教学计划。只有教学计划明确了，教师才能科学地把握教学节奏，才能在有限的教学时间里完成教学大纲规定的教学任务。

其二是备课。备课是非常重要的，教师只有做到了精心备课，才能游刃有余地开展教学活动。教师在备课时一定要突出备课的实效性，要结合班级学生的特点，制定层次化的教学目标，应用符合时代发展要求、符合新课标要求的教学方法，使得不同层次的学生都能通过课堂教学学有所获。

其三是上课。课堂教学过程中，教师要与学生积极互动，要注重课堂的生成，要切实提高自身的课堂教学水平。

其四是作业。教师要结合新课标理念，加强课堂作业设计与批改研究。如班级中学生基础认知的层次性比较强，教师可以设计层次性的练习题目，要对作业进行全面批改，要针对不同学生的特点做出引导性、激励性的评价。

其五是评价学生。新课改背景下，教师要对学生进行综合素质评价，确保学生综合能力的提升。

三、抓实学校培训，提高新课程实施水平

学校要引导教师积极开展培训活动，以此来提高新课程的实施水平。如学校要定期组织教师进行教研活动。教研活动中，每一个教师都要分享自己的教学心得和教学经验。教研活动中，教师要对校本课程进行积极地研究和改进。教研活动中，教师要进行说课和评课，进而发现问题，解决问题，提升教学水平。在这个过程中，校长以及学校的其他领导可以通过各种方式激励教师加强理论学习。

学校可以在每月抽出固定的时间，将常规月学习与新课程标准理念的学习以及高效课堂构建的理论学习紧密结合起来，力争在每一学期，每一个教师都要上一节公开示范课。让教师把教学理念转化为实际的教学行为，让教师在教学活动中落实新课改的要求。

学校还可以聘请一些教育教学专家，让专家深入学校课堂进行实际指导，让教师在专家的指导下，提升自身的专业技能。

四、课程常规管理硕果累累

一流的学校源于一流的管理，学校负责人要将课程管理常规化、日常化，要带领全校教师从严执行有关规章制度，明确职责，落实到人。在对课程进行常规化管理之后，教师的工作热情高涨了，教师评价的数据也逐渐提升，学生的学习兴趣也提高了，学生的学习习惯也在向好的方向转变，甚至很多学生的学习成绩都得到了实质性提升。

总而言之，课程管理要严格遵守《小学教师职业道德规范》要求，要结合课程标准的相关理念，以新课程改革为契机，深化课堂教学改革，认真落实课程计划，大力推进素质教育，以全新的素质结构接受新一轮课程改革浪潮的洗礼。

第三节　小学班级管理工作方法

一、构建和谐平等的师生关系

平等和谐的师生关系是开展班级管理工作的根本，只有这样才能保证班级管理工作的顺利开展。由于小学生的心理还不成熟，他们处理问题往往以感情和自己的喜好为主，如果某个学生对教师有意见，往往其他的学生也会受影响，所以要想做好班级管理工作，就要从学生的角度出发，善于观察学生的喜好，了解学生的想法和需求，这样不仅便于教师更好地了解学生，还可以拉近学生与教师的距离。教师要加强对班级管理工作的认识，将其作为服务学生、促进学生发展的重要途径，在这种情况下，学生会更愿意亲近班主任，有利于构建和谐的师生关系。

二、发挥学生的主观能动性

学生是班级的主体，班级是学生学习成长的主要场所，所以，在班级管理工作中，教师应该落实以学生为本的管理理念，增强学生的学习意识，让他们做班级的主人，让学生认识到管理自己就是管理班级的根本。为了提高管理质量，教师可以挑选学生担任班干部辅助教师进行管理工作，发挥桥梁作用，为学生提供更好的服务。班干部还可发挥示范带头作用，通过组织、管理学生来增强班级凝聚力，使班级管理工作收到事半功倍的效果。

三、鼓励学生参与班级文化建设

在班级中，黑板报能体现班级独有的文化和特色，好的黑板报可以营造良好的班级环境。传统教学模式下，黑板报的内容通常由教师指定，难以发挥黑板报的真正价值。为此，班级黑板报在制作过程中可以发挥学生的主观能动性，让学生积极参与板报主题的选择、内容样式的设计，学生分工合作，一起努力完成。这样不仅可以增强学生的成就感和班级凝聚力，还可以给学生提供展示的机会，以此培养学生的想象力和创造力，便于教师全面认识学生，对学生来说这是一非常有意义的集体活动。

四、构建良好班风文化

班级是学生学习和成长的重要阵地，班级风气对学生的身心发展有至关重要的影响，好的班风可以帮助学生养成良好的学习习惯，所以，构建良好的班风是整个班级的目标，要求班级内有严格的规章制度和和谐的同学关系以及活泼向上的学习氛围，同学之间要互帮互助共同进步。良好的班风可以增强班级凝聚力，使学生完善人格，培养学生形成认真负责和乐于助人等优秀品质。

五、建立良好的班级秩序，做好常规化管理工作

常规化管理是班级管理工作的基础，只有加强常规化管理，其他管理工作才能有序进行，常规化管理的本质就是帮助学生养成良好的学习习惯和生活习惯，为学生今后的学习和发展奠定基础。为此，教师可以从以下几个方面入手提高常规化管理工作的有效性。首先，教师要根据学生的实际情况制定班级管理的规章制度，严格要求学生，规范学生行为，避免学生由于学习任务重而放松对自己日常行为的要求，如卫生、纪律等。调查显示，如果对常规工作如卫生、课间操、纪律等保持高标准、严要求，学生更易形成积极向上的心态，不会对学习消极怠慢。其次，教师要多到班级中观察学生，多和学生交流，了解学生的真实状况，及时发现学生存在的问题，帮助学生解决问题；教师要善于发现班级学生的亮点、优点，并进行表扬，鼓励学生相互学习。为了提高学生的综合素养，教师可以组织班级干部做好班级学生的评价工作，对学习努力、进步快、态度端正、乐于助人的学生进行表扬和奖励，营造良好的学习和生活氛围，培养学生积极向上、热心阳光的品质。教师还要重视班干部和小组长的培养工作，为常规管理工作的开展提供条件。比如一些日常工作可以交给班干部和小组长完成，发挥学生的主观能动性，

使他们成为学习和生活的小主人，培养他们的管理能力和执行能力，不仅可以减轻班主任的工作量，还可以锻炼他们的能力。

六、发挥多方协同作用，使班级管理形成合力

在班级管理工作中，仅仅依靠班主任的力量是远远不够的，还要发挥科任教师和家长的作用，使科任教师和家长对班级管理持一致意见。为了提高管理的有效性，班主任可以建立沟通机制，定期进行沟通和交流，便于家长和教师全面了解学生的状况，掌握学生的心理变化和思想变化，为班主任管理工作的开展提供依据。班主任可以利用课余时间和科任教师一起交流学生的近期变化，也可以请一些家长来参与管理策略的制定和教育方法的应用，这些都可以在很大程度上提高班级管理工作的效率。

综上所述，班级管理工作，无论对学生还是对教师来说都是一项有价值的、值得探索的教育管理艺术。在新课程理念的指引下，班主任不仅要在班级管理工作中贯彻以学生为本的教育理念，还要多关心学生，多和他们沟通，了解他们的想法和需求，加强班级管理工作的针对性，更好地为学生提供服务。

第四节　小学综合实践活动课程主题管理

《小学综合实践活动课程指导纲要》中指出，综合实践活动课程是从学生的真实生活和发展需要出发，从生活情境中发现问题，并转化为活动主题，通过探究、服务、制作、体验等方式，培养学生综合素质的跨学科实践性课程。结合学校综合实践活动课程的实施纲要，依据各年级学生的年龄特点、能力特点，本着"兴趣为先、实践为主、综合开放"三个原则，综合实践活动课程教师应该为每个年级的学生量身打造充实而又有趣的综合实践活动实施方案，做到教师沟通协调、各位班主任耐心指导、家长积极配合、学生踊跃参与，保证实践活动顺利实施。

一、小学综合实践活动课程的现状与不足

（一）指导教师对综合实践活动课程的定位不明确

近年来，虽然小学综合实践活动课程不断兴起，但发展形势不容乐观。就指导教师而言，大部分指导教师并没有深入了解综合实践活动课程的内容，没有制定科学合理的教学目标，导致小学综合实践活动课程主题偏离方向。在开展活动的过程中，教师要

充分理解综合实践活动课程的性质、课程目标和内容，明确综合实践活动课程的纲要、标准。

由于定位不明确，教师在设置综合实践活动目标时，并未做到实践性与学科性的有效融合。课程目标是小学综合实践活动课程得以顺利开展的主干，与活动的每个环节联系紧密，对学生能力的培养起着至关重要的作用。课程目标应是个体与社会生活、与大自然接触中获得的实践经验。教师应该深入探索课程目标，在明确小学综合实践活动课程的定位之后，结合学生的学习特点以及课程性质选择合适的实践基地，设置合理的课程目标。

（二）在学生研究团队中延续了学科课程的模式

由于对综合实践活动课程的不重视，指导教师在设计活动环节时，延续了传统学科的课堂模式。教师无法区别综合实践活动课程与其他学科的不同，使实践活动变成只不过是换个场地传授知识的模式。这样的活动不仅没有突出学生的主体地位，还限制了学生的思维和行为。不科学的实践活动，对学生发展的影响亦是不利的。综合实践活动课程实践性与趣味性不足，就背离了综合实践活动设计的初衷。目前，综合实践活动课程多以静态形式呈现，不仅内容枯燥单调，而且缺乏生命力，学生在活动中没有生活、实践的体验感，丧失了参与综合实践活动的兴趣。学生积极性下降，参与度不高，阻滞了综合实践活动课程对学生综合能力的培养。

（三）综合实践活动课程缺乏连续性、机制性

从现状看，小学综合实践活动课程的实施处于不平衡状态，城市的实施情况要比农村好，农村许多小学根本没有设置综合实践活动课程。而且，大部分学校对综合实践活动课程的重视程度不够。所以，综合实践活动课程仍然是一门"说起来很重要，但是做起来不重要"的课程。对于综合实践活动课程的开设，大多数学校还存在盲目跟风的情况，并未形成长效机制，导致活动主题独立性太强，割裂了主题与主题之间的联系，使综合实践活动课程对小学生的成长教育意义不大。在设计主题时，指导教师应该注重活动的延续性、长期性、渐进性，使学生在活动中不断学习，不断进步。

二、小学综合实践活动课程主题长效管理的意义

首先，随着我国教育改革的推进，国家重视培养小学生的综合素质，大力加强小学生校外活动场所的建设工作，全国各地几乎都有小学生校外活动基地。国家的大力支持，无疑为推进小学生综合实践活动课程提供了广阔的平台。所以，教师在开展实践活动时，要注意主题的时效性，建立主题之间的联系性，充分利用国家资源。

其次，推进综合实践活动课程的长效运行，是对校内外资源的有力整合，既提高了资源的利用率，又保证了综合实践活动课程实施的有效性。综合实践活动课程的长效运行为开发系统的实践活动课程体系提供了基础，为建立校内外统一的综合实践活动课程体系做了准备。

最后，综合实践活动课程主题长效管理机制的建立，不仅能为学生在实践活动课程中营造轻松、愉快的学习氛围，还有利于加深学生对自然和社会的了解，帮助学生建立起学校与生活、社会的联系，帮助学生找到不同实践课程之间的联系。综合实践活动课程主题长效管理在提高学生综合能力的同时，也有利学生构建系统化的知识体系。

三、小学综合实践活动课程主题长效管理的研究

（一）指导教师厘清对综合实践活动课程的定位和指导原则

要想小学综合实践活动课程主题长效运行，首先，教师应对小学综合实践活动课程正确定位，明白综合实践活动课程是为学生制订的学习计划，为引导学生探索自然、认识社会而开设的一门课程。教师是活动的参与者，而不是活动的主导者，教师应为综合实践活动课程注入新的活力，从传统的传授书本知识转为为学生的学习活动提供帮助，让学生成为实践活动的参与者、主导者。

其次，小学综合实践活动课程与其他学科课程有较大区别，也是一门与其他学科紧密联系的课程。它应是一门独立的课程，不应受到其他学科课程的限制，教师对综合实践活动课程的探索不能脱离实际，也不能将它视为学科的补充。教师对综合实践活动课程的探索，应有开发团队的支持，注重课题落实中的过程性材料的积累，还应健全科学、持续的评价手段。

最后，教师应该坚持四个指导原则：从学生的生活实际出发，尊重学生的兴趣、爱好和特长；从指导活动的实际出发，发展教师的爱好和特长，开发教师的教学潜能；从学校能提供帮助的可能性出发，重视利用学校的资源，通过实践活动提升学校的办学特色；注重地域性特点，从社区和当地社会环境支持的可能性出发，充分利用社会资源和网络资源。

（二）与学科相互补充，在活动中增强学生能力

如何找到主题之间的联系，保证主题长期运行？教师需要发现学科和实践活动的契合点，在时效的基础上实施有效的综合实践活动课程。综合实践活动课程是一门有意识地引导学生动手实验，培养学生学习兴趣，让学生深入理解所学知识，提高学生综合能力，提升学生创新意识的学科。教师在开展活动时应做到超越文本、超越课堂，但又不

能脱离生活实际。简而言之，综合实践活动课程就是一门让学生通过活动重新学习以及更深刻地理解所学知识，并产生新的体验，让自己的综合素质得到提高的课程。所以，教师在实际教学中，要将综合实践活动课程与其他学科知识相融合，让学生在活动中更好地理解所学知识，提高能力。

例如在讲解图形这一数学单元时，教师可以结合课本知识，开设课外课堂的综合实践活动课程，让学生尝试用牙签或小木条、雪糕棒做一个生活小用品，或是结实美观的小摆件，或是手机、平板电脑的支架，或是香皂小托架。学生可以根据刚刚学习的长方体、正方体知识，用现有的材料制作出各具风格的彩灯，了解数学和生活的密切联系。

（三）注重户外社会实践，加强学生与社会的联系

小学综合实践活动课程着重强调培养学生的实践意识，提高学生的实践能力，体现经验教育特色。小学综合实践活动课程是一门实践性很强、能突出活动实践和体现直接经验的课程。学生是这门课程的学习主体，教师则是课程的服务者。在实践活动中，教师的工作不再局限于知识的传授，而是将知识资源的活字典送给学生，让学生自由查阅，自主参与。教师应该做好一位引导探索者，引导学生积极参与。

教师应该改变自己的教学方式，不应以学科性质的眼光看待小学综合实践活动课程。教师要充分利用综合实践活动，通过多种途径引导学生走进自然、走进社会，积极参与，乐于体验，让学生在丰富多彩的教育活动中活起来、动起来。这样，综合实践活动课程才能真正拓宽学生的知识面，丰富学生的阅历。学生参与其中，能激发自身学习兴趣，建立起学科与实践的联系，也可以更好地促进教师对小学综合实践活动课程主题的时效性管理。

在综合实践活动课中，教师能够进一步提升专业能力、团队合作能力，并在不断钻研的过程中转变教学方式，在教学方式上下功夫。教师应利用当地资源，在课程资源上下功夫，开发学校、社区、实践基地等课程资源，促进小学综合实践活动课程的长效发展。

小学综合实践活动课程的有效开展，为学生提供了一个较好的舞台。有效的综合实践活动课程是基于学生的自主性和积极性基础上的，以提升学生的创新能力和实践能力为目的，面向全体学生开展的生活实践课、社会实践课。教师对综合实践活动课程主题时效的有效管理，是在充分利用各种资源的基础之上，为学生创造一个更好的实践平台，不仅能帮助学生找到理论与实际的联系，找到学科之间的联系，还能提升学生的综合素质。

第五节　参与式学习与小学班级管理课程

参与式学习是近几年在国内高校兴起的一种学习方式，源于"做中学"（Learning by Doing）的教育理念，强调以能力为导向的教学方式与学习方式的变革。这种学习方式被广泛运用于高校人才培养的实践环节，如见习、实习等。然而，师范生职业能力的提高需要较长的周期，单纯依靠集中性实践并不能达到预期的培养效果，如果依托小学班级管理课程，将参与式学习作为师范生重要的学习方式，就可以将教育学、心理学、管理学原理融入实践，帮助师范生学以致用，逐步培养反思意识，提高实践能力。参与式学习最大的优势是能够满足师范生的实践需求，将学习建立在真实的教育情境基础上，亲自参与班级管理等重要环节，尝试从教育实际出发，结合教育理论进行分析，解决实际问题。这个过程可以帮助师范生更好地理解和运用教育学、心理学、管理学的基本理论，完成理论向实践的转化，为今后班级管理工作提供经验支撑，以此实现能力导向的课程目标，也是小学教育专业人才培养目标之一。

一、小学班级管理课程的学习目标

小学教育专业师范生毕业后的就业方向主要是小学教育工作，不论是否成为班主任，都需要了解班队级理的基本理论，以更好地形成教育合力。从师范生的见习、实习及工作的反馈情况来看，班队管理课程应以小学班级的常规管理为载体，帮助师范生了解真实的小学班级和小学生。师范生在学习了教育学、心理学等课程的基础上，通过本课程学习，能够掌握小学班级管理主要内容，熟悉愿景确立、组织建设、日常管理、活动管理和家校合作的途径与方法，形成正确的教育观和管理理念，有意识地在班级管理中运用教育学、心理学、管理学的相关理论，为今后承担小学班主任工作、进行小学班级常规管理奠定坚实的基础。

小学教育专业师范生的实习反馈和毕业后的跟踪调查显示，大多数师范生在教育教学实践中遇到的最大问题是相关理论的实际应用，"纸上谈兵"式教学虽然可以运用诸多案例帮助师范生理解教育理论，但是师范生终究缺乏教育教学的直接体验，无法突破学习瓶颈。在小学教育专业人才培养过程中，可以尝试以小学班级管理课程为突破口，运用参与式学习方式提高师范生运用教育理论分析和解决教育教学实际问题的能力，为师范生当前学习和未来职业发展提供支持。

二、参与式学习的整体框架

现代小学教育对小学教师的职前培养提出了更高的要求——具有高尚的师德,学会教学,学会育人,学会发展。"一践行,三学会"中的每个要素都离不开师范生的真实参与,最终形成的建立在师德基础上的实践能力是小学教师职前培养的基本诉求。对于师范生的职业生涯来讲,教学与管理能力的提高是教育理论与教育实践的桥梁,是教育理想和教育实现的桥梁,也是教育研究的重要起点。

首先,根据师范生的发展诉求、课程的学习要求、小学的教育管理需求,提炼出师范生参与式学习的内容(如根据实践班级的小学生发展需求,设计一份板报),确定每项实践内容对应的成果形式(如观察记录表/主题班会活动方案/学困生转化对策)。

其次,师范生带着实践任务深入小学班级,进行参与式学习,并将所见所闻所做所感通过任务书的形式体现出来,听取小学指导教师的意见与建议。

再次,师范生回到大学课堂,将参与式学习成果进行整理和展示,与教师、同学交流讨论,接受任课教师的点详。

最后,对于存在问题的实践方案,师范生可以根据讨论结果进行修改与完善,提交给小学指导教师,获得二次评价。

所谓"教育即生活",一是要求学校教育与社会生活相结合,学校教育与儿童的生活相结合;二是要求教育应体现生活、生长和发展的价值,建构美好生活,教育要直接参与儿童的成长过程。参与式学习的要义是"做中学","做"的环节需要以一定的理论知识为基础,所以在师范生参与项目之前,教师会将涉及的核心理论以讲授的方式传递给学生。将实践性强、可操作、小学生有需求的内容以观察记录、具体项目的形式呈现出来,帮助师范生在参与式学习中更深刻地理解理论、运用理论,学以致用。

三、参与式学习的实施过程

在师范生进行参与式学习之前,教师必须思考以下关键问题:如何根据师范生的发展诉求、课程的学习要求、合作小学的教育教学实际需求,选择合理的参与内容和适当的参与方式。

在具体教学实践中,教师可以参考师范生见习、实习、就业的相关反馈情况,考虑合作小学在教学管理等方面的需求,结合《小学教师专业标准(试行)》及小学教育专业的人才培养目标,进行整体规划。从课程大纲入手,通过"提炼—补充—整合"三个步骤,完成课程内容的梳理,实现教材核心内容、实际教育教学管理工作的需求、教育学心理学与管理学的高度融合；在此基础上进行参与式学习任务书的设计，将观察、记录、反思、举措等内容融入师范生的实践项目中。第三个环节是观察，既包括师范生深入小学进行的教育观察，又包括教师对师范生进行参与式学习过程的观察，在这一过程中，师范生通过实际参与获得真实体验，将感受和困惑同时带回课堂，在分享心得时提出疑惑，通过交流与讨论提升认识，这也是参与式学习最关键一步。最后一个环节是反思，在每一轮参与式学习结束后，师范生都会对一些教育现象产生质疑，这些质疑既涉及职业道德，又关乎教育理念与方法，凡此种种，都是进一步完善教学内容和评价标准的重要参考要素。

参与式学习在课程中的融入，是基于《小学教师专业标准（试行）》、小学教育专业人才培养的目标及小学班级管理课程目标的要求，结合个体实践能力形成的规律，从师范生的学习需求出发，突破原有的学习环境（从大学到小学），使师范生在真实教育情境中获得直接体验的有效途径，也是师范院校与小学协同培养小学教师的重要方式。在师范生深入小学班级的过程中，考察了师范生是否具备作为一名"准教师"的基本素养。在参与式学习中，师生（师范生与小学指导教师）之间的互动成为小学教师不断提升自我的契机。

四、反思与改进

参与式学习是国际范围内进行师范生培养过程中总结出来的经验，这种学习方式有助于师范生将理论知识内化于心、外化于行，有助于他们在实践中学会反思、学会改进。

首先，要依靠一线教师的指导。小学教育专业本科生深入小学班级进行观察、实践，依托的是大学与小学建立的协同育人平台，但是对于小学教师来说，指导师范生这项工作，虽是自我提升的契机，但同样是一种"负担"，如果没有一线教师的配合，参与式学习中的重要环节——小学教师的指导就无法得到保障，每一届参与式学习都会遇到或大或小的阻力——参与实践的师范生太多，愿意指导学生实践的小学教师太少。个中缘由纷繁复杂：小学教师超负荷的工作量、指导过程的不确定性、指导酬劳的微不足道、对于教学相长的忽视等多种因素共同影响着参与式学习效果。为此，高校可以尝试通过联合科研、增加经费投入等多种途径加强与小学一线教师的联系，为参与式学习实施提供更多的资源保障。

其次，要明晰改革学习方式的最终指向。职前培养和职后培训是教师教育的两个阶段，二者共同组成了教师专业发展的历程。在强调职前职后"无缝对接"的同时，还应该看到两个阶段的区别及各自的不可替代性。简言之，职前培养的任务是帮助师范生获得扎实的理论基础和基本的实践能力、反思能力，这也是运用参与式学习的最终指向。强调实践，并不表示要超越发展阶段、越俎代庖，而是要帮助师范生更好地理解理论，形成运用理论分析和解决问题的意识与能力，尽可能缩短入职后的适应期。

再次，要关注参与式学习的层次性。师范生在参与式学习过程中的行为与表现，既与学习个体的知识体系和基本素质有关，又与参与学习内容、方式和学习者的学习态度相关。师范生学习的实际参与程度、投入程度在不同学习阶段会有不同的表现。对于同样的实践任务，不同的师范生所能取得的效果也不尽相同。比如有的师范生对小学教师的工作充满了期待与向往，在参与实践的过程中激情澎湃，即便遇到了困难，也能积极面对；有的同学对参与式学习只有"三分钟热度"，一旦遇到困难便畏缩不前。对此，教师可以在实践观察中了解师范生的参与程度，适时引导他们不断加深思考，以获得更加深刻的体验。

最后，要提高大学教师的综合素养。参与式的实施过程在教学空间、教学内容、教学方式等多个方面都实现了跨越，对教师的专业素养与综合能力提出了挑战。参与式学习需要教师对课堂教学和参与式学习内容进行高度提炼（三个"加法"）——在经典教学内容上做加法，在学生研习能力上做加法，在实践机会上做加法。小学班级管理课程的学习涉及理论、实践两条线，由若干学习环节组成，师范生在理解教育理论、参与教育实践的过程中每个环节都需要教师的适时指导，尤其是在"实践与理论之间出现矛盾"的时候，更加需要大学教师基于理论的科学、正确的引导。因此，能否对师范生的学习内容进行跨学科整合、对师范生的学习过程进行针对性指导，成为教师教学过程中极具挑战的内容，也是参与式学习对主讲教师的基本要求。

参与式学习倡导以学习者为中心、以具体实践活动为主、秉持平等参与和师范生互动理念，鼓励师范生积极参与到各个学习环节之中，从知识的被动接受者向问题的主动探索者转变，教师则从信息传递的提供者、领导者向信息互动的推动者、指导者转变。参与式学习最大的优势就在于能够满足师范生的实践需求，将学习建立在真实的教育情境之上，亲自参与班级管理的重要环节，从教育实际出发，用教育理论进行分析，再回到实际解决问题，这个过程可以帮助师范生更好地理解和运用教育学、心理学、管理学的基本理论，完成理论向实践的转化，为今后班级管理实践提供经验支撑，以此实现以能力为导向的课程目标，这也是培养小学教育专业人才的目标之一。

通过改变学习方式提升学习成效，不局限于基本实践能力的提升（做中学），还需要继续探索如何在实践中反思和改进（做中研），教研结合才是未来基础教育对小学教师的更高要求，也是培养师范生的更高追求。

第六节　新课程改革背景下的小学班级管理

　　班级是学生学习和活动的重要场所，班主任作为班级的管理者、组织者、引导者，如何在小学这个重要阶段做好班级管理工作，解决小学班级管理过程中遇到的突出问题，为小学生创造良好的学习环境，成为新课程改革背景下探索的一个热点问题。

一、新课程改革背景下小学班级管理概况

（一）新课程改革背景下小学班级管理理念

　　"小学班级管理"是指小学班主任对小学阶段的班级组织按照教育目标采取一定的措施进行管理。即小学班主任在小学阶段的班级组织当中按照一定的教育教学目标，结合小学阶段班级管理对象的特点，采取一定的措施来协调、组织、控制班级活动，以实现预定的班级管理目标。随着新一轮课程改革的深入，新课程背景下的小学班级管理更加注重以学生为主体的自主合作以及和谐的师生关系，更加注重小学生"德""智""体""美""劳"的全面发展，提倡小学班主任科学合理运用班级管理方法，实现班级管理的民主科学以及学生的自主合作，进而创造良好的学习环境，为学生的全面发展提供可能。

（二）新课程改革背景下小学班级管理的重要性

　　小学班级管理是小学学校管理当中最为基础的一环，管理的好坏直接关系到学习环境的好坏，关系到师生间能否建立良好的关系。因此，做好小学班级管理工作至关重要。

　　一是有利于为小学生创造良好学习环境。实行有效的班级管理不仅能够让班级各项活动正常有序开展，还能够增强班集体的公平性与民主性。有效的班级管理能够及时发现并消除不良因素，创造良好的学习氛围。

　　二是有利于建立融洽的师生关系。有效的班级管理有利于增强教师和学生间的相互了解、相互信任，构建良好的师生关系，营造良好的氛围，有助于教师掌握每个小学生情况，有利于构建融洽、和谐、良好的师生关系。

　　三是有利于改进小学学校的管理。班级是小学生学习和活动的重要场所，也是学校的重要组成部分，班级管理的水平不仅关系到班级内的和谐、向上及整体质量，还是整个学校管理水平的直接体现。

三、当前小学班级管理存在的问题

（一）管理理念陈旧，缺乏系统的现代管理理论的指导

大班制是当前小学的普遍组织形式，由于班级人数较多，而且小学生认知能力有限，班主任需要花大量的时间去做学生工作，很少有时间去系统地学习现代的班级管理知识，班主任更多的是依靠以往的经验进行班级管理。然而，时代在发展、学生在变化、教育在改革，班主任的管理理念也不能一味依赖以往的经验，停滞不前，，鼎故革新才能适应新一轮课程改革的要求。

（二）管理目标片面，缺乏科学的全面管理目标

新课程改革背景下的教育管理目标要求小学班级管理坚持"以人为本"，促进小学生的全面协调发展。只要小学升初中这根指挥棒存在，应试教育就会或多或少地存在，学校和教师在完成新课标要求、促成小学生全面发展的同时，难免会将小学生的成绩作为衡量教育教学效果的一个重要标准。那么，班主任的班级管理工作也要围绕怎样提高小学生成绩展开。尤其在小学阶段，虽然计算机、英语、美术、音乐、自然科学等科目均有开设，但是这些课程不仅安排得时间少，而且根本得不到重视。

（三）管理模式单一，缺乏丰富的高效管理模式

当前，仍然有一部分小学班主任的班级管理模式还停留在以往传统型的管理模式上，仍然将教师作为班级管理的主体，这种模式已经很难适应当前新课程改革背景下要求以学生为主体的自主合作教育教学工作的需要。此外，小学班主任管理方式方法的不足，导致教师与学生、教师与家长之间缺乏有效的沟通，教师有时很难了解学生在家庭教育当中遇到的问题，而且有时还不能及时跟家长取得联系并进行沟通，不利于学校教育与家庭教育的结合。

四、新课程改革背景下改善小学班级管理的对策

（一）让学生实现自主管理

一是加强班级制度建设，以制度管人、管事。教师和学生应共同制定切实可行的班级管理制度，通过制度来约束每一个学生的行为。在制定班级管理制度的过程中应处处体现"生本"理念，坚持民主商讨，师生共同参与，只有这样才能制定出师生都愿意遵守、执行的切实可行的、高效运转的班级管理制度，才能实现以制度管人，以管理服人，进而确保班级各项工作顺利开展。

二是培养班级干部队伍，以干部管人、管事。班委不仅是小学班级管理的核心力量，还是班主任的得力助手。为此，全班应当通过民主选举的形式组建班委，允许学生自荐，竞争上岗，通过全班民主投票，选出大家心目中值得信赖的、榜样力量强的、具备管理能力的班委成员。在恰当的时机，也可以实行班委轮换制，让更多的学生有机会参与到班级管理中来。

三是做到人人参与管理，以自律管人、管事。班级管理工作不仅仅是班主任一个人的事，也不仅仅是班委的事，而是班级每一个成员都有责任。因为班级是一个整体，这个整体需要每一个学生的参与，所以，要积极发挥每一个学生的个性特点，鼓励每一个学生都参与到班级的管理中去，从我做起，从自身自律开始，做应该做的，不做不该做的，以自律管好自我，影响他人，促进班级的管理工作的顺利运行。

（二）让教师实现主导管理

一是提升自我管理能力。教师并非十全十美，尤其在新课程标准的要求下，教师更应该不断加强学习，例如不定期参加教师管理培训班，向有经验的教师请教，及时发现不足，改正缺点，提高班级管理水平。

二是构建和谐师生关系。教师在进行班级管理过程中，一定要尊重、关心每一个学生。教师在管理或者处理每一件小事时都应当注意自己的一言一行，让小学生心服口服，不可过度偏爱某几个学生或者是讨厌某个学生；还要加强与学生的沟通，及时了解每一个小学生的学习、生活与心理状况。

三是协调与家长的关系。家庭教育作为学校教育的前提和补充，班主任一定要及时跟班级每一个学生的家长保持良好的沟通与联系，依照个性化差异做好每一个小学生的家访工作，及时、全面地了解每一个小学生的思想状况、性格特征、兴趣爱好以及存在的问题等。通过电话采访、入户走访、来校谈话、家长座谈等方式及时与家长沟通交流、交换意见，不仅可以使教师对症下药、因材施教，也能够使家长及时对孩子进行督导与教育。

（三）让班风实现强化管理

一是严明纪律，以纪律约束学生。班主任可以要求学生定期学习《小学生日常行为规范》，让学生做到熟记并付诸实践，做到"知""行"统一。教师还可以和学生共同讨论制定班级纪律条例，规定哪些事可以做，哪些事不能做，以此来规范学生的日常行为，增强学生的自控能力。老师还应量化纪律考核指标，实行班级量化管理，尝试采取学生违纪两次给予批评教育，违纪三次给予一定惩罚的量化措施，让学生不敢违纪、不想违纪，有效促进良好班风的形成，强化班级管理。

二是积极开展活动，增强班级凝聚力。通过班级活动可以增强学生的班集体意识和班级凝聚力。在活动中选出小组组长，其他学生要积极配合组长的安排与指挥，在这个过程中，学生能学会少数服从多数，明白共同协作才能做好一件事的道理，不仅增强了小学生的集体意识，还增强了班级的凝聚力，有利于班级管理工作水平不断提升。

三是道德规范教育，树榜样纠不足。榜样的力量是无穷的，在日常班级管理工作中，班主任一方面要善于发现并及时表扬学生的好思想、好行为、好品德，树立榜样使之发挥带头示范作用；另一方面也要及时发现并批评教育个别学生的不良思想、不良行为，以达到典型的警示作用。班主任还可以引导小学生定期、不定期地开展自我批评与自我活动，促进班风向良好的方向发展。

第四章　小学课堂教学方法研究

第一节　小学信息技术课堂教学方法

一、创设教学情境，激发学生的课堂学习兴趣

在小学信息技术教学中，有效的课堂导入和教学过程是提高教学效率的关键，不仅可以使学生深刻理解教学内容，还能激发学生的学习兴趣，使他们积极投入到教学中来。所以在信息技术教学中，要根据不同的教学内容创设生活情境、问题情境、故事情境等。例如，在学习《制作幻灯片》时，教师就可以结合在教学过程中经常使用的多媒体幻灯片创设问题情境，让学生在学习了幻灯片之后，思考幻灯片是怎样制作出来的，怎样在幻灯片中插入文字和图片，怎样调整幻灯片的播放顺序，等等。学生通过对问题的思考，调动了学习的积极性，有利于更好地提高学习效率。

二、突破教学重难点，引导小学生积极思考

为了高效利用教材，教师应构建完善的教材知识体系，深入分析重难点知识。教师还应充分了解学生的学习情况、知识基础、实践能力等特征，结合教材内容选择对应的教学模式。譬如在"文件和文件夹的基础操作"课程中，"如何利用文件夹管理文件"属于难点知识，不需要全部掌握，但是课程中的重点知识则必须确保全班掌握。教师的设计组织能力直接关系到教学效率，教师在进行教学任务时必须突出设计过程、实施过程。可以在教学中设置下列环节：演示讲解、模仿练习、小组探究等。譬如在"认识Word软件"一课中，"熟记Word软件窗口各组成部分的名称"的知识点具有一定的难度。小学生由于认知体系不完善，实践经验不丰富，难以理解较为抽象的知识。教师应通过演示课件向学生耐心讲解Word软件的编辑窗口，引导学生上机实践并掌握启动与关闭Word软件的方法。这样的教学模式能使知识点由抽象变具体，可以有效提升学生对Word软件窗口的认知水平，培养学生善于总结的好习惯。又如在"直线工具"一课中，

教学目标为下列几点：运用"直线"工具画出直线；设置直线的粗细样式；能运用 Shift 键画出特定角度直线。教师不应一一讲解，避免小学生对教师产生依赖心理，进而不利于培养小学生独立自主的学习能力。教师应向学生讲解前两项较为简单的直线画法，随后引导学生尝试最后一项工具画法。当课程结束后，教师还应对本课知识点进行归纳总结，加强学生的记忆、理解，如此，不仅达到了基础的课程技能教授目标，还增加了信息技术课程的趣味性。

三、运用多元化的教学方法，激发小学生的学习欲望

课件演示法是信息技术教师常用的教学模式。在现代化教学环境中，教学界产生了越来越多的教学方法，要求信息技术教师将"解决实际问题"放在教学核心地位。由于多数小学生缺乏扎实的技术基础，学习到的操作技能比较繁杂且难度较大，为了确保小学生掌握这些技能，计算机教师应引入生活元素，使小学生将学习到的知识点运用于实际生活，达到学以致用的目的，而非单纯地模仿与记忆。这样的教学策略有助于激发小学生的探索欲望，在拓展小学生视野的基础上培养其发散性思维与创造性思维。

四、运用自主探究教学法，提升小学生的实践水平

为了确保自主探究法的有效性，教师应将探究重点放在下列几个方面：通过探究活动满足学生的求知欲望、运用探究策略培养学生善于观察的能力、语言表达能力、等等。值得注意的是，信息技术教师在指导探究活动时，应多关注学生探究的本质内容，包括科学探究法、学习思维等。由于小学生的个性特征、学习能力具有差异性，教师应提出不同的要求。譬如在三年级《信息技术》第九课："家具设计师——"矩形"与"圆角矩形"工具"的教学过程中，教师可以提前布置教学任务，引导学生以小组为单位，自主探究"圆角矩形"的画法，使小学生在尝试各个按钮的过程中体会到探索的乐趣。

五、创新课堂教学方式，丰富课堂教学内容

传统的课程教学方式以教师讲述为主，忽视了学生的主体地位。信息技术课程是一门实践性较强的学科，在教学过程中，教师需要更新教学方法，以"任务驱动"为主，培养学生的实践操作能力。在信息技术课程教学时，要创新教学方式，就要重视"自主学习能力"和"合作学习能力"的培养。在安排教学任务时，可以融入其他学科的相关内容，巩固学生的计算机知识。在对《保护珍贵的淡水资源》课程内容进行简述的时候，可以让学生编写有关节约用水的宣传稿，让学生自由分组，对附近地区的水污染情况进

行调查，将调查结果汇报给教师，并针对水污染情况编写节约用水宣传稿。通过合作调查，提高了学生的合作学习能力，提高了信息技术课堂教学效率。

六、重视学生计算机的实践运用能力培养

同其他课程相比，信息技术课程具有很强的实践性。在对计算机技术的学习过程中，只有反复练习，才能逐步提高学生的实践操作能力，达到信息技术课程学习的预期效果。在实际的课程教学中，教师要改变以往知识灌输的形式，给予充足的时间让学生进行实践操作，提高学生解决问题的能力。例如学习《旅游建议书》时，主要是让学生掌握插入图片以及文字绕排方式。教师在教学的时候，应该让学生收集相关的旅游图片，运用计算机编写宣传文稿，完成旅游建议书的学习任务。

第二节　小学课堂教育的情境教学法

一、小学课堂的现状调查

（一）课堂结构单一，功能简单

目前小学生课堂结构单一，这是全国性的问题。课堂上教师讲，学生听，要求安静，要求守纪律，要求所谓的秩序和尊严。课堂上教师严格按照教学大纲课件教学，虽然近年引进了多媒体教学，但教师的思维方式没有变化，传统的"我讲你听"也没有改变。

（二）思想陈旧，缺乏设计和创新

传统教育教学理念陈旧，缺乏创新和设计。知识体系经历这么多年改革其实还是两个字就可以说明白：服从！不允许有异议，压制学生天性。课堂中教师肢体语言少，启发方式少，几乎没有柔性设计。

（三）课堂缺乏趣味，墨守成规

好奇、好玩是儿童的天性。我们的小学教育却压制天性，墨守成规。对比二十世纪五六十年代的小学教育，并没有实质区别。

二、课堂情境教学设计的目的

所谓情境教学就是改变课堂教学中"我说你听"的模式，让学生来讲课，教师来引导和纠正，通过启发、引导、游戏、运动等符合学生年龄段的教学法来进行教学。

（一）以实用为目的

实用才是好用。传统教学以成绩说话，以利益为重。但是，成绩代表的只是学习的一点，孩子除了会学习，起码的社交能力、身体健康水平、语言能力等都没有提高，尤其是小学阶段的教育，更是如此。这就是过于重视应试，忽略了实用性导致的。

（二）以兴趣为目的

没有兴趣一切都是虚幻！这句话深刻地说明了兴趣的重要性。现在的孩子到底喜不喜欢学习呢？如果喜欢，那他喜欢的是教师父母的夸奖，还是同学的羡慕，还是好成绩换来的奖励，还是对未来的憧憬？抛开这些，单纯就是喜欢学习的孩子，恐怕少之又少！这就是缺乏兴趣。儿童心理学告诉我们，兴趣是一切，是基础，是取得成功的关键。电子游戏为何可以牢牢抓住孩子的心？因为玩永远是人的天性。情境教学法就是要把游戏、把玩带入教学。

三、情境教学法的设计过程

设计的主旨以人为本。一节课堂，学生注意力不可能坚持 40 分钟，最多也就是 20 分钟。安排好这关键的 20 分钟，抓住黄金时间引导传授知识，余下时间可以以游戏、娱乐、说唱、运动等方式进行课堂教学。面对孩子，老师可以放低身段，俯下身体，蹲坐。课堂不一定必须教师站立学生坐着，可以颠倒一下：根据教师个人能力安排课程架构和情境，由于这种教学方式对体力和脑力的要求比普通课程高很多，这就需要教师科学系统地安排课程。

第三节　小学课堂中写字教学的方法

写字教学并不仅仅是技能训练，更是陶冶情操、磨炼意志的过程。目前的小学语文写字教学存在课堂氛围环境欠佳、学生写字姿势不规范、学生写字兴趣不浓以及作业书写评价不佳等问题，影响了写字教学的质量。

一、小学语文写字教学的意义

教育领域不断改革，新课程标准也明确了关于小学生写字的要求，小学生要掌握汉字常用偏旁部首以及基本笔画，遵循笔顺规则正确书写文字，注意间架结构。培养正确的写字姿势，养成良好的写字习惯，在书写方面要整洁、规范。小学语文写字教学是对我国优秀传统文化继承与弘扬的基础工程，一方面是基础教育任务，另一方面是学校进行素质教育的关键，对学生素质提升有积极意义。通过写字教学，能让学生热爱语言文字，也可以使其审美能力得以提高，还有助于学生形成良好的个性品质与行为习惯，是素质教育不断向前推进的关键。

二、小学语文写字教学现状

首先，课堂氛围及环境欠佳。良好的课堂氛围及环境对教学质量具有促进作用，但教师往往忽略对课堂氛围及环境的营造，没有铺垫就直接进行教学讲解。这样的教学方式，一方面学生很难直接进入教学活动，对知识的掌握极其不利，另一方面学生没有较大的学习兴趣，直接影响写字教学效果。

其次，写字姿势不规范。小学生具有较强的好奇心，但持久力及耐力较差，且有多动这一特征，写字时没有长时间保持正确写字姿势的能力，很容易养成不良书写习惯，书写质量不佳，还会影响学生的正常身体发育。规范的姿势对于写好字意义重大，在一定程度上也影响着学生的身体素质。大部分学生对写字姿势并不重视，没有意识到不良姿势可能造成的危害，教师应将这一问题作为重点，在教学中培养学生良好的书写习惯，纠正学生的不良书写姿势。

再次，写字兴趣不高。受传统教育方法及思维的影响，学生写字兴趣不高，传统教学往往忽视学生的主体地位，使学生的学习较为被动。学生在学习兴趣未被激发的情况下，创新思想也不可能得到有效培养，即使产生了写字兴趣，在长期枯燥的练习中，也会逐渐丧失兴趣。

最后，作业书写评价不佳。作业书写评价是对学生写字的直接指点，良好的书写评价往往对写字质量提升有着较大的影响，但教师往往更在乎答案是否正确，在书写规范制约上欠缺力度。

三、新时期小学课堂写字教学的有效策略

（一）创设良好课堂氛围及环境

在小学语文教学中，写字教学一直是较为重要的内容，在小学阶段，学生应当熟练掌握并不断提高书写技能，这也利于语文知识的学习。由于小学生活泼好动，心理发展还未成熟，不能很好地将精力集中在写字学习上，所以，书写练习一般不会取得较好的练习效果，有些学生甚至不愿意主动练习写字，对教学产生了一定影响。现阶段，小学语文教师应为学生营造良好的教学氛围及环境，引起学生的学习欲望，为学生讲述写字

的重要性，使其体会到学习的乐趣，认识到写好字对于自身的价值。例如在教学"水"字时，教师应对学生进行引导，让其观察身边的水都是什么样的，通过具体引导，帮助学生认识到水的价值，将"水"字拆分，在黑板上为学生展示每个笔画的书写方式，让学生模仿，课后引导学生积极练习，强化学生对"水"的认知。

（二）多措并举，养成良好写字习惯

养成良好的写字习惯是新课改背景下提升书写质量的重要方式，教师应采取多种措施实现这一目标。首先，要帮助学生养成正确的写字姿势，做到"眼睛与课本的距离是一尺，手与笔的距离是一寸，胸与桌子的距离是一拳"。除此之外，写字时身体应保持挺直，头要摆正。在写字教学过程中，教师应发挥自身示范作用，强化示范引导，若发现学生写字姿势错误，应及时纠正，使学生养成良好的写字习惯。其次，应与学生家长协同管理，加强与家长的沟通，家长在家监督、纠正学生的写字姿势，通过课上、课下双重管理，使学生养成良好的写字习惯。最后，与各科教师达成共识，全面营造良好的写字氛围。

（三）信息技术下提升写字兴趣

信息技术不断发展，小学语文教师应从学生基础出发，在课堂教学中引进信息技术，对课堂进行优化，最终提升学生的写字兴趣，提高教学效果。在开展"夏"字教学时，教师可以利用多媒体播放与夏季相关的影片，为学生提供真实的情景体验，使其感受到夏季的魅力，从而对"夏"字印象深刻。由于小学生好奇心强，喜欢新鲜事物尤其是有趣的事，教师可针对这一特点，可以通过多媒体呈现，吸引学生的注意力。这一教学方式虽然不能起到快速识记生字的作用，但会使学生对文字记忆深刻，能有效提升学生的学习兴趣。信息技术还具备一项功能，即模拟仿真，可将无声转为有声，将抽象变成具体，能有效提升写字教学的实效性及趣味性。因此，教师在教学中可以充分发挥信息技术的优势，将汉字具化展现，有效保证学生写字效率及识字速度的提升。如在进行"辨"字教学时，一些学生会将其与"辩"字记混，教师可用多媒体同时将这两个文字展示出来，将两者不同之处重点标注出来。通过这样的方式，学生会对两个文字进行对比，发现两者的不同之处，最终准确区分这两个字。

（四）注重自学，重点释疑

在写字教学过程中，可以让学生尝试自主学习，通过小组交流，选出认为书写起来困难的字，教师收集并整合各小组意见，做出针对性指导。小组学习一方面会有效提升学生学习的积极性，另一方面能有效培养学生的自主学习能力，节约时间，提升课堂效率。第一，教师应对学生有清晰的目标要求，学生才能在自学过程中有明确的目标。第

二，教师要在学生小组学习过程中及时指导。第三，教师进行重点指导，明确方法。

（五）强化比较，实现举一反三

学生在学习写字时，形近字的识辩往往具有一定的难度，教师要重点进行形近字的指导比较。比如在"州"与"洲"的识记书写上，学生容易发生混淆，常将两者用错，教师要多列举、多解释，使学生明白两个字的实际含义，告知学生两个字分别应该如何使用，举一反三，提升学生汉字的运用能力。

（六）重视作业书写评价

写字教学在我国古代就存在，当时被称为书法教学，在书法教学中，实现学生审美能力的提升是一个很重要的目的。教师在日常教学应加强对学生作业书写的评价工作。学校每学期都会进行两次写字检查，期中及期末各一次。在限定时间内，学生要完成规定的书写内容，成绩判定共分为四个等级。测试完毕后，详细记录相应成绩信息，成绩直接与优秀生考评挂钩，以使学生明白写字教学的重要性，在写字时更为注意。批改学生作业时，若学生书写认真，教师可在作业上添加一个笑脸，附带两颗红心。在考核结束后，统计学生红心数量，红心越多，则表示平时书写越认真。学生也能意识到认真书写的重要性，可有效提升学生对写字的重视程度，端正写字态度，这样的做法也能引起家长的重视，更好地发挥家长监督作用。

总之，教师应促进小学写字教学效率，不断创新教学方式，保证教学质量。新课程改革背景下，小学课堂中写字教学可通过创设良好课堂氛围及环境、养成良好的写字习惯等措施，有效提升学生的写字兴趣，提升小学语文课堂写字教学的质量，为促进学生综合素质发展助力。

第四节　小学开放式课堂教学方法

开放式课堂教学，有助于全面开发学生智力，增强教学效果。开放的课堂，就好比"放风筝"，学生是风筝，教师就是放风筝的人，教师的任务就是抓住教学重点这条主线，有放有收，放要放得到位，收要收得适时，激发学生的创新思维，拓展学生的想象空间，提高学生的综合素质。

一、课堂导入要具有开放性

课堂导入要具有开放性，就是说导入要注意多样化，不受拘束，只要是能最大限度地激发学生学习兴趣的就可以，如讲故事、猜谜语、小幽默、小观察、听音乐、看投影、观视图、赏歌舞等，可以创设情境导入，也可以"以旧引新"复习导入，还可以借引其他学科导入，或直接入题，真正做到"开放式导入"。

二、学生质疑要具有开放性

领导学生活用教材，联系生活实际，提出具有开放性的问题，既要体现生活又要与科学联系，既要围绕知识点又要充满趣味性。教师要引导学生围绕学习的知识点，重点激发学生去想，引发质疑，让学生多思考、多交流、多提问，从而顺利进行下一步教学。

三、师生互动要具有开放性

师生互动，目的是充分调动学生的积极性，这一过程是否顺利直接关系到每节课的成败。在互动过程中，教师的任务是"导"，是引导学生发问，是指导学生讨论，是鼓励学生动手动脑，是让学生充分参与，充分表达出自己的观点和看法，让学生通过独立思考、平等合作、多向交流来质疑解难。在分析问题时要引导学生摆事实讲道理，求同存异，达成共识，从而达到合作探究、民主平等的目的。

互动时，要注意形式要千变万化，方法要灵活多样，要形成互动协作、取长补短的课堂氛围，要为培养学生的创造性思维创造条件。这是课堂教学的难点，也是教师最不容易把握的环节。教师一定要放下架子，深入学生中间，充分发挥引导者的作用。教师备课时一定要备深备细，预测课堂上可能出现的情况并想好对策，保证课堂教学的顺利进行。

四、课堂练习要具有开放性

练习是检验开放式教学成果的有效手段，也是学生巩固学习知识的重要途径。但要注意，练习的形式一定要具有"阶梯性"，难易适度，要适合各层次的学生，要具有多样性，要富于变化，要由浅入深，增强知识的趣味性和吸引力，使学生乐学、爱学。在摸清学生对本堂课所学知识的掌握情况后，还可以适量增加对学生知识表达能力的训练，以达到提升学生综合能力的目的。

五、课堂评价要具有开放性

对全班学生的学习情况，教师要实事求是，客观对待，把学生存在的共性问题提出来，在班上进行讨论、研究，提倡生生评价、师生探讨、民主评议，多方位、多角度、多层次、多形式地进行评价，及时收集反馈信息，了解学生情况，以便采取应对措施，达到查漏补缺的目的。

六、课堂总结要具有开放性

总结是培养学生创新思维、开发学生智力非常关键的一步。教师要在这一环节挖掘学生创新潜能，培养学生勤于思考、乐于创新、勇于探索的品质，培养学生热爱科学、热爱祖国、热爱生活、热爱自然的情操，增强学生学无止境的意识。总结的形式应富于变化，教师可设置开放式的题目，或通过思考与实践的拓展练习，给学生自由的想象空间，让学生去选择、去判断、去补充、去续编、去多法求解等，既要总结课又要学以致用、活学活用。

七、课堂回顾要具有开放性

课堂回顾是"收"的过程，可以集体回顾课堂收获，也可以是教师反思授课过程中的成功与失败，总结经验教训，对自己的课堂教学做出客观评价，并提出改进策略，完善和提高课堂教学效果，提高教学水平。

第五节　小学益智课堂教学中的导入方法

随着课程改革的不断深入，新课程标准强调的基础性、实践性和综合性特征在教学中逐步得到体现。小学益智课堂作为一种思维训练课程，把学生认知建构和情感激活、教学控制与情境创设融为一体，教师应努力选择适当的教学方法、教学策略，创设良好的教学情境，实施可行的教学活动，突出学生课堂的主体地位，将新课程标准落到实处。

益智课程开设已有三年，根据平时益智课堂教学的经验，笔者发现，适当的教学导入方法对提高教学质量至关重要。适当的教学导入可以快速吸引学生的注意力，让学生对益智活动抱有强烈的好奇心和求知欲。正如托尔斯泰所说："成功的教学所需要的不是强制，而是激发学生的兴趣。"益智课堂最需要的就是学生的好奇心和求知欲，通过教师适当的引导，学生主动的观察、分析和实践操作，益智课堂的目标就会实现。

一、游戏导入，妙趣横生

益智课程的教学对象是小学生。玩是小学生的天性。高尔基曾说："游戏是儿童认识世界的途径。"将具有明确目的的游戏运用到益智课堂教学中的导入环节，不仅能使学生轻松、愉快地进入课堂，还能激发学生学习的热情，活跃学生的思维，使课堂气氛更加和谐。益智课堂一个鲜明的特点就是以益智器具为载体，以学生动手操作为依托，以真实、有趣的问题为起点，让学生在玩益智器具的过程中进行思维训练，掌握思维技能。比如在"巧放圆形"的教学中，笔者使用了游戏导入法，利用圆形表情卡吸引学生的注意力，引导学生一起进行关于圆的思维"热身"游戏，让学生可以在愉快的游戏中感知接下来的教学内容，激发学习的热情。

二、巧置谜语，开发潜能

谜语是劳动人民智慧的结晶，若能用谜语来导入新课，将会给课堂带来无限的活力，也更容易营造活跃的学习气氛，激发学生学习益智课程的兴趣，开发学生的智慧潜能。比如小学数学四年级下学期"围棋中的数学问题"的课堂教学导入环节，可以用猜谜语的形式导入新课，"十九乘十九，黑白两对手。有眼看不见，无眼难活久。"学生在猜谜语过程中，一下子就对围棋充满了好奇，激发了下围棋的兴趣。教师乘机引入："同学们，你们知道吗？围棋中蕴含着神秘的数学问题。这节课我们就一起去探究其中的奥秘，好不好？"从猜谜语到引入课题，课堂教学如行云流水，学生自然而然地会主动去探究学习内容。

三、巧设悬念，激发好奇

益智课堂教学目标的实现，需要学生具备敏锐的观察能力、缜密的分析能力、较好的创新意识和较高的实践能力。这些潜在能力的发掘，必须让学生对益智课堂的教学内容产生强烈的好奇心及学习兴趣。此时，巧设悬念变得十分重要。在"莫比乌斯圈"的教学中，可在课前播放动画故事《聪明的捕快》。从前，有一户人家被偷，县官先后抓来了两个嫌疑犯，一个是本分的、无辜的农民，另一个是狡猾的、真正的小偷……聪明的捕快成功地救出了农民，关押了小偷，也没有得罪县官。教师适时提出问题："捕快究竟想到了什么妙计帮助农民，你们知道吗？"此时设置悬念，可以激发学生强烈的好奇心，勾起学生浓厚的学习兴趣，使其直接进入进行智力活动所需的最佳状态。

四、巧设故事，引人入胜

小学生对故事都特别着迷，益智课堂上用到的益智器具，很多都是从古代流传下来的人类的智慧结晶，往往有着其独特的故事背景。针对学生的心理特征和益智课堂教学内容的特点，教师巧设故事导入，配合适当的图片、音频、视频等，往往有意想不到的收获。比如在"汉诺塔"益智课堂教学中，我使用印度古老的故事导入。印度有一个古老的传说，说世界是印度教的主神梵天创造的，梵天在创造世界时，在一个叫作贝纳勒斯的寺庙里留下了三根宝石柱，第一根宝石柱上面套着 64 个金环，最大的一个在底下，其余的一个比一个小，依次叠上去。梵天命令庙里的众僧，不停地把金环从第一根宝石柱搬到第三根宝石柱上……

这样的故事导入，很自然地激发了学生的学习兴趣，引发了学生探究的积极性。

苏霍姆林斯基说："在每一个年轻的心灵里，都存放着求知好学、渴望知识的'火药'。就看你能不能点燃这'火药'。"学生一旦对学习有了兴趣，就会产生无穷的力量，用尽一切方法去学习，学以致用，自得其乐。适当的教学导入方法，就是点燃学生探索热情、激活学生创新思维的"引火源"，能使学生乐学、爱学、会学。

第五章 小学课堂教学评价

第一节 小学课堂教学评价存在的问题

随着新课程教学改革的不断发展，教师需要建立能使学生得到全面发展的课堂教学目标，在课堂教学的过程中不仅要向学生传授知识，还要促进学生综合学习能力的发展。教师在对学生进行教学的过程中，需要充分发挥课堂教学评价的作用，不仅要注重学生基础能力的发展，更要重视学生素质能力的提升，培养学生的创新学习精神和实践学习能力。课堂教学评价作为教学活动的重要组成部分，不仅有利于教师充分了解学生的学习情况，还能够使学生在教师的鼓励下不断进步，进而提高课堂教学质量。

一、小学课堂教学评价存在的问题

（一）评价主体比较单一

当前对小学课堂教学评价，多以教师的自我评价为主，以他人评价为辅。教师自我评价主要是教师通过自我反思来评价教学效果，能够体现出教师的教学主体地位；他人的评价主要是由上级主管部门对教师的课堂教学进行评价，也可以邀请班级中的学生对课堂效果进行评价，但是由于学生并没有受过专业的课堂教学评价指导，他们对教师的课堂教学评价往往具有主观色彩。教师的课堂教学评价主体相对而言过于单一，学生家长、社会大众等尚未纳入教师的课堂教学评价中，导致课堂评价缺少了大众的声音。这种过于单一的教学评价方法，使教师的课堂教学效果难以持续提升。

（二）评价方法存在不足

随着信息技术的不断发展，大数据逐渐进入课堂教学。社会大众也更倾向于以量化的标准展开对教师的评价，这也促使了评价活动由定性评价向定量评价转变。实际上在对小学课堂教学开展评价的过程中，定性评价更具特色和优势。定量评价采用的主要是客观严谨的数字对教师进行技术性评价，要知道课堂教学是一个复杂的过程，教师和学生的行为特点，个性、心理都很难以量化的数据表现出来。所以说当前课堂教学评价方法仍有巨大的进步空间。

（三）课堂评价内容简单

课堂教学评价主要包括对学生所学习的知识、学生在课堂上的表现和情感态度等进行多方面的评价，但是由于受传统教学观念的影响，教师对学生的评价内容多以学生在课堂上所学习的知识为主，总体来说课堂评价内容比较简单。由于长期受应试教育的影响，部分教师过分注重学生的考试分数，缺乏对学生学习过程与发展层面的关注。这里说明，教师对新课程教学改革理解不够透彻，没有做到真正的融合。

二、小学课堂教学评价解决对策

（一）注重课堂教学评价主体多元化

在课堂教学中，除了可以以教师为主体展开教学评价外，还可以邀请学生家长、学生、学校领导等不同群体积极主动参与其中，实现对学生的评价主体多元化、层次化。这就需要学校积极调动不同主体的参与，重视教学的督导及家长评价的重要性，摒弃以教师为主体的单一教学评价模式。教师要充分注重学生的评价，发挥教学评价的发展性作用，让学生在学习文化知识的同时，充分发表自己的观点和意见，教师积极予以采纳，通过以教师为主导、学生为主体的教学活动，充分发挥学生学习文化知识的积极性和主动性，尤其要注重家校合作，通过家长与教师的沟通交流，更好地了解每一个学生，因材施教，培养学生的主人翁意识，让学生真正地进入课堂教学评价体系。

（二）灵活采取多样化的评价方法

由于受到不同生活方式和文化背景的影响，学生的个性特点也会存在一定的差异。如果教师仅仅依靠课堂上的考试分数对学生进行评价，评价结果往往会过于片面，甚至会阻滞学生个性化的发展。因此在课堂评价过程中，要采取灵活多样的课堂评价方法，不断完善评价教学体系，使学生的个性得到有效发展。教师应该结合课程目标及学生在课堂上的表现，对学生进行语言上的评价，也可以通过肢体语言对学生进行肯定性的表扬，根据学生的实际情况，选择不同的评价方法，才能够在引导学生在学好文化知识的同时，得到更加全面的发展。

（三）强调课堂评价内容的全面性

每个学生都有巨大的发展潜力，需要教师对学生进行全面性评价，促使学生在教师的鼓励和引导之下能得到更好的发展。在课堂教学评价过程中，教师需要关注学生的考试成绩，还要对学生各方面的能力进行全面评价。课堂教学评价其实是一个相对复杂的过程，教师可以从不同的角度制定评价内容，确保教学内容的合理性，根据学生在课堂上的表现，对学生做出多方面的评价。在评价的同时，教师还要注重教学评价的有效性，要从本质上改善学生的学习情况和教师的教学质量。教师课堂教学的专业素养决定了课堂教学水平，主要包括教师对各种教学技能的掌握，肢体语言的恰当运用和仪态的展示，都能够提高课堂教学效果。在课堂教学过程中，对教师和学生展开评价，有利于教师课后反思，不断提高自己的专业能力。

小学教师在课堂上针对学生的学习情况进行评价，与课堂教学效果有着密不可分的关系。在小学课堂教学评价机制中，教师占据着主导性的地位，为了更好地提高课堂教学质量，促使学生在课堂上积极主动地学习，教师要时刻根据学生的表现进行课堂教学评价。重视学生的学习状态和心理层面的变化，在不断反思的过程中，寻找到构建更加合理的课堂评价的教学方法。

第二节　小学课堂教学评价指标的建构

当前，我国小学教学改革已从知识时代走向素养时代，为推进以核心素养为导向的课堂教学改革，需要建构与之相适应的课堂教学评价指标。2014 年，《教育部关于全面深化课程改革落实立德树人根本任务的意见》提出，要制定学生发展核心素养体系和学业质量标准，并根据学生的成长规律和社会对人才的需要，把学生德智体美劳全面发展总体要求和社会主义核心价值观的有关内容进行具化、细化，深入回答"培养什么人"和"怎样培养人"的问题。核心素养被摆在深化课程改革、落实立德树人根本任务的突出位置，成为制定学业质量标准的重要依据。2020 年 10 月，中共中央、国务院印发了《深化新时代教育评价改革总体方案》，要求坚持立德树人，牢记为党育人、为国育才的使命，充分发挥教育评价的指挥棒作用，引导确立科学的育人目标，确保教育的正确发展方向。以核心素养为导向的课堂教学虽然已开始逐步融入小学教学改革，但以三维目标——知识与技能、过程与方法、情感态度与价值观为指导的评价指标仍在课堂教学评价中发挥着较大作用，这不利于学生核心素养的形成。探讨核心素养导向的小学课堂教学评价指标建构，对提升课堂教学质量、深化课堂教学改革、促进学生核心素养的形成具有重要的现实意义。

一、动因

核心素养是学生应具备的适应终身发展和社会发展需要的必备品格和关键能力。核心素养彰显了学生的内在关键秉性，决定着学生发展的价值取向。核心素养导向的小学课堂教学评价指标的建构源于学习观的更新、教学观的重建和评价观的转变。

（一）学习观的更新：以素养为本位的学习观

传统的研究者倾向于将学习中的内容维度单一地视作知识和技能，他们的主要兴趣在于探究学习或学习过程的基本形式，把主要重点放在对简单形式的知识与技能的获得上。在信息技术高速发展的时代，学习者应成为知识和技能的开发者和管理者。学习者需要具有发展习得知识所必需的认知工具和学习策略，能够交互使用信息工具，能在异质群体中进行有效互动，具有自主性和反思性行动等素养。体现上述精神实质的学习被学界称为"素养本位学习"。核心素养是个体适应未来社会需要、实现终身发展所需的关键性、根本性和基础性素养。它对学习的价值在于整合了适应未来工作与生活需要调用的所有东西，并在特定的具体情境中进行发挥和运用。由此可知，核心素养导向的小学课堂教学改革得益于学习观的更新，故以素养为本位的学习观能为建构核心素养导向的小学课堂教学评价指标奠定坚实的基础。

（二）教学观的重建：以学生为中心的课堂教学

传统教学以教师为中心，教师是学生学习的主导者，把控学生整体的学习进度和学习方式，但常常忽视学生的内在发展需要。教师在课堂教学中要想实现根本性转变，必须调整好教与学的关系，从根本上实现由以教为主向以学为主的转变，即教师要摒弃对学生思想的控制和束缚，建立以学生为中心的教学观，把学习权利和自由还给学生。这要求教师重新定位和阐释教学的意蕴，改变传统的教学行为，为学生核心素养的形成开辟宽广的道路。以学生为中心的教学不仅容易激发学生自主学习的热情，促使学生实现有效的自主学习，而且能满足学生内在发展需要，不断提升学生的核心素养，为学生全面发展和终身发展奠定基础。以学生为中心的课堂教学能为建构核心素养导向的小学课堂教学评价指标提供强大的动力。

（三）评价观的转向："以学评教"的课堂教学评价

传统的课堂教学评价往往只强调教师在课堂中的绝对主体地位，仅关注教师教学能力的发挥和教学效果的显现。传统的课堂教学评价较难关注到学生的学习行为和表现。换言之，传统评价者建构评价指标的逻辑起点以教学目标、教学内容、教学方法、教学氛围等为主。这种忽视学生主体价值和情感体验的课堂教学评价难以满足以核心素养为导向的课堂教学需要。所以，传统课堂教学的评价指标与传统课堂教学主要追求让学生掌握知识的价值取向，以及以教师讲授为中心的课堂形态。但在以核心素养为本位的学习观和以学生为中心的教学观的引领之下，小学课堂正发生新的变化。课堂教学评价指标的选择或制定是与课堂教学的价值取向及课堂教学的基本形态相匹配的。因此，评价观转向"以学评教"是建构核心素养导向的小学课堂教学评价指标的历史必然。

二、原则

面对核心素养时代学习观的更新、教学观的重建和评价观的转向，要想建构核心素养导向的小学课堂教学评价指标，要想把培育学生核心素养的理念贯穿其中，就应该坚持学科化彰显、个性化突出及多元化发展的原则。

（一）学科化彰显

核心素养导向的小学课堂教学评价指标要想与时俱进地反映学科发展的具体要求，保证与学科教学的适切性，就要坚持学科化的原则。各学科进一步明确核心素养在学科中的作用。例如英语学科的核心素养包括语言能力、思维品质、文化意识和学习能力四个维度。学科化彰显原则是指评价指标要充分体现学科核心素养，不局限于学生对知识的掌握程度，更多地突出学生对知识背后的学科方法、学科思维与学科价值的学习效果。学科化彰显原则能保证课堂教学评价的结果、反映学科教学的具体问题，能为课堂教学效果的诊断和改进提供现实依据，最终使课堂教学评价真正发挥指导和促进核心素养落地的作用。

（二）个性化突出

核心素养导向的课堂会呈现多样化的教学策略和教学方法，课堂教学评价应重在分析这些策略、方式和方法是否有利于学生把知识转化为素养。所以，课堂教学评价指标要坚持个性化突出的原则，既要尊重教师的个性化教学策略和方法，也要尊重学生在自主探索中的个性化学习方式和方法。此外，教师的专业发展和学生的全面发展都具有阶段性，评价者要用发展的眼光看待在教学改革中师生存在的问题和取得的进步。总而言之，课堂教学评价的内容应更多地倾向于师生课堂交流、交往的经验，要使评价者能注意到师生在交流过程中碰撞出的思维火花。这样的评价才是真正指向师生的个性发展的科学评价，是有利于提高教师参与教学改革的积极性的有效评价。

（三）多元化发展

核心素养导向的课堂教学的旨趣在于师生有效互动时不断展现的生成性。因此，核心素养导向的小学课堂教学评价指标要兼顾教学预设目标的完成和课堂活动中创造性的生成两方面的情况。多元化的评价指标能为课堂教学活动中的师生拓宽发展空间，丰富发展的可能性。此外，在核心素养导向的课堂教学改革实践中，评价的主体逐渐由单级向多级转变。例如有的学校安排开放周，鼓励家长和其他社会人士参与课堂教学评价。据此，课堂教学评价指标必须做出适度调整，追求多元化发展成为满足各评价主体开展评价活动的需要。

三、理论根基

建构核心素养导向的课堂教学评价指标并不是摒弃现行的各项评价指标，而是通过对核心素养导向的课堂教学活动的价值认识和质量监控，逐步完善评价体系。学科教学活动包括教师教的活动和学生学的活动，其中学的活动是根本。因此，评价指标的建构必须以相关的教学理论和学习理论为根基，把握学生学的有效性和教师教的有效性这两条线，体现课堂教学的整体性。

（一）有效教学理论

从知识内化的视角看，课堂教学的有效性体现在于使学生将课程知识结构或教师讲授的逻辑体系内化为学生自己的认知结构，完成内化的过程。教学的有效性涉及教师对学生认知内化过程的关键性影响，即直接教学的意义。这种直接教学需要教师以关注学生体验世界的方式，解决学生在学习过程中形成的各种有差别理解的问题，即通过学生的第二视角来帮助学生解决有效理解学习内容的问题。从教学活动参与者的角度看，课堂教学的有效性可分为教师教的有效性和学生学的有效性。教师的教是暗线，教的有效性为隐性；学生的学是主线，学的有效性为显性。核心素养导向的课堂教学离不开教师的价值引领和实践探索，但教的有效性最终体现在学的有效性上。余文森提出，学习有效性可从学习速度、学习体验和学习结果三个方面来综合考量，忽视任一方面都会影响到课堂教学的效果。核心素养的培育是对学生终身发展的战略布局，教师既不能一味地要求学生提高学习速度，让学生失去积极的学习体验，也不能只顾学生的快乐体验，而不顾其深层积累的获得。总而言之，核心素养导向的课堂教学有效性要同时反映学生的学习速度、学习体验和学习效果。

（二）深度学习理论

深度学习是指学习者通过对知识本质的理解和对学习内容的批判性运用，追求有效的学习迁移和真实问题的解决，并以高阶思维为主要认知活动的高投入性学习。迈克尔·富兰系统建构和实践探索了指向核心素养发展的深度学习理论，强调了运用知识解决现实问题，进而在知识迁移与运用的过程中发展核心素养。这要求教师把关注点从学生对书本知识的获得转移到如何运用知识的学习过程上。迈克尔·富兰认为，深度学习所需要的学业成就评价区别于标准化的考试评价，学业成就评价的重点不是学生能够记住多少内容知识，而是能否运用知识解决问题、创造想法与提出观念以及在合作、交往情境中能否展示、呈现相关素养。因此，要想让学生实现化知识为素养，教师需要搭建知识掌握与知识运用间的桥梁，让学生真实经历知识运用与问题解决的过程。王卉等人认为，深度学习的特征在于学生的思维能跟随乃至突破教师的引导，能将语言技能上升成文化意识，能形成结构化、逻辑化的知识体系。显然，教师如何激发学生的思维过程已成为核心素养导向的课堂教学改革的内驱力。教师在进行教学设计时，最重要的不是方法的选择而是方法的运用。

（三）信息加工学习理论

根据美国心理学家加涅的信息加工学习理论，学习就是"学习者所面临的刺激通过一系列内部构造被转化、加工的过程"。基于学习是在外部教学指导下的学生内部加工过程的认知，加涅认为教学是一种外部事件，是可以通过教学设计影响学习的内部过程。教学设计要想达到协同学生发展的境界，对学生的学习过程产生积极的影响，教师需要对学生的学习过程做进一步的分析。基于信息加工学习理论，余文森把学习能力分为阅读能力、思考能力、表达能力三种，他认为这三种能力是学生最基础、最核心的学习能力，而这些能力恰恰都指向了核心素养的发展。因此，他认为完整的学习过程应包括阅读、思考、表达三个环节，学生要相对完整地学习完这三个环节，才能把知识转化为素养。阅读的功能是认知输入和信息吸收，思考的功能是认知加工和建构，表达的功能是认知输出和行为表现。阅读是基础和前提，思考是关键和核心，表达是升华和巩固。据此，核心素养导向的课堂教学评价应围绕这三个方面展开，评价指标需在不同的维度上反映学生的这三个学习界点。

四、内核及其诠释

只有深入把握课堂教学评价指标建构的内核并对其进行明晰的诠释，课堂教学评价才能更好地指导实践。基于有效教学理论、深度学习理论以及信息加工学习理论，建构了以学的有效性为核心主体，教的有效性为空间高度，阅读、思考、表达为层次的三维动态课堂教学评价模型，确定了12项以核心素养为导向的课堂教学评价指标。

（一）内核

根据模型确立的一级指标包括教学设计、学习速度、学习体验和学习结果，即指标内核。评价者在课堂教学中可以直观地了解到学生的学习速度、学习体验和学习结果，这三个方面均融合了阅读、思考、表达活动。教的有效性虽然是内隐的，但可以决定课堂的高度。换言之，在学生各方面基础相同的条件下，教的有效性越高，学的有效性越明显。因此，教学设计应作为教学评价的重要指标之一，助力实现教学评价的整全性。

（二）诠释

教学设计分为目标明确、方法有效和作业合理三个二级指标。其中，目标的确定和方法的运用旨在体现教师对学科核心素养的解读层次。教师教的有效性能直接提升学生学的有效性，让学生的学习变得更轻松。如果教师对教学重难点参悟到位，并能在课堂上与学生展开讨论，教师的教就能发挥直接促进作用。但核心素养导向的课堂不仅关注教师对教材的解读，而且关注教师如何向学生传递其解读的知识以及如何与学生分享解读知识的体验。间接促进学生学习的教体现在学生体悟真理、收获学习方法、提升思维能力几方面。因此，目标的确定和方法的运用具体可从教的两个方面来考量。学生的学习时间是有限的，教师要想科学合理地布置作业，需要发挥教学的智慧。所以，作业合理也是指标之一，成为保证核心素养日渐凸显的重要因素。

学习速度分为自主阅读、开启思考、尝试表达三个二级指标，与学生在学习内容上所花的时间相关。但仅凭延长学习时间并不一定能提高学习有效性，如英语教师播放一次听力录音时，因学生没有听懂就选择多次重复播放且无任何指导，学生花费的输入时间多却未获得良好的输出结果。根据认知加工理论，阅读属于输入环节。学科不同，阅读的表现形式也不同，自主阅读的速度在一定程度上反映了学生获取信息的效率。教师可依据学生前期自主阅读的反馈找到与教学目标之间的差距，调整课堂阅读的时间。学生参与思考的速度说明学生学习进展的程度，学生只有完成阅读输入的环节，并对掌握的信息进行加工，思考才会发生。表达是人的一种心理需要，尝试表达是学生努力学习最直观的表现，也是师生、生生开启交往的先决条件。

学习体验分为真心阅读、真实思考、真切表达三个二级指标，能凸显学生的课堂学习状态。核心素养导向的课堂以学生的学习活动为中心，学生能否获得积极的学习体验是检验学习活动是否真实发生的重要指标。例如虽然语文教师设计了小组讨论环节，可有的学生以三言两语应付，有的甚至不发言，学生的学习体验明显缺失。评价既要关注学生如何获得知识，也要关注学生如何解决问题。真心阅读意味着学生把接收到的信息纳入已有的知识和经验并认真体会。无论学生是对阅读内容感兴趣，还是对阅读结果感兴趣，评价都认为学生获得了积极的学习体验。真实思考需要学生以自身知识水平为起点，在学习过程中感知自己的困惑，进一步分析困惑的来源、探究解决的路径等。个性化的学习方法会带来不同的思考体验。真实思考方面的评价有助于教师因势利导地开展教学。真切表达即观察教师能否把讲解的主动权交给学生，因为学生受到尊重和信任的润泽是课堂生成的前提。

学习结果分为阅读深入、思考深层、表达清晰三个二级指标，从个体发展的角度考查学生在课堂学习中发生的变化、获得的进展。在核心素养导向的课堂教学中，学习结果更多表现为学生从发现、思考、解决问题等过程中获得的能力，这些能力都离不开深度学习。例如数学课上，学生必须经历创造性的思维解答过程，才能促进数学学科核心素养中逻辑推理和数学建模能力的形成。评价学习结果既要参考学生的学习成绩，也要观察学生在学习成绩中所获得的学习能力。这样的评价才能发现教学是否游离于学科的本质和知识的内核之外，学生对实际教学内容的理解是否缺乏应有的深度，或思考是否是囿于表层的、单一的、无序的模式。表达清晰聚合了学生的高阶思维发展能力，见证了学生阅读功底和思考的逻辑曲线，也是教学评价重要指标之一。

第三节 小学课堂教学评价标准内容

教学评价就是依据一定的"标准"对教学过程及其结果做出的价值判断。任何判断都有一个标准，有标准作为依据，才能找到参照点，互通有无，解释资料，对评价对象进行客观评判。"评价结论的不同，最主要的原因是评价标准的不同。"由此可见，标准生成是评价的基本前提。对于标准，《现代汉语词典》的解释是："衡量事物的准则。本身合于准则，可供同类事物比较核对的事物。"与词典一致的是在教育评价学中，人们对于"标准"这个概念也有两种认识：其一指事物质变的临界点，事物质变过程中量的规定性，通俗地说，它指的是要求、优良或完成的程度或水平，因而，标准表示了达到什么程度才是合乎要求的，或者能被称为优良的；其二为标准物即测量的量表、尺度。正是有了两种含义的并存，评价中出现了指标和标准互用，或所指标准不一，看似矛盾的描述。同一书中就存在这样两句话："评价指标体系是评价标准的具体化、行为化，具有可测量性，是整个评价方案的核心部分。""评价指标体系大致由评价指标、权重和评价标准三个系统构成。"前一句的评价指标体系概念小于评价标准，而在后一句的表述中，评价指标体系的概念则大于评价标准，显然，这两个标准所指并非同一事物。在本节中，标准所指的内涵和指标内容是一致的，即标准是在教育评价过程中使用的准则，描述的是静态准则。指标体系是标准的一种具体表现形式。

当前有关小学课堂教学评价标准的研究多集中在标准制定的方法和内容指标的描述方面，缺乏对标准生成依据及合理性的分析。师生普遍缺乏对教学的反思意识，失去了教学的灵魂，被评价牵着鼻子走，远离了教学评价的本真。管理人员则把教学评价看作质量考核的工具，评价标准成为束缚教学工作的枷锁，整个教学过程变得机械、教条，极大地挫伤了教学人员的工作积极性，原本充满生机的教学活动也渐渐失去了活力。对此，研究者有必要进一步分析小学课堂教学评价标准的构成，并在此基础上提出制定评价标准宜采取的方法。

一、小学课堂教学评价标准的构成

小学课堂教学评价标准内容的构成不拘一格、异常丰富，但细数一下，大体上可分为目标论、价值论和要素论三个领域。

（一）目标论

1. 以促进教为主

以促进教为主的评价标准侧重评价教师在课堂上的表现，如教师的提问与反馈方式、课堂管理方法和技巧等。课堂教学评价以激励教师的教为目的，按照指标体系对教师的授课能力、水平和效益进行价值判断，以教师教的效果来评价课堂教学的效果。美国纽约州教师资格考试制度中有一项表现性技能评价，即管理机构对申请教师资格者的教学录像进行评价。其中，教师控制和管理教学过程的一项评价标准就包含了课堂教学管理，教师唤起学生的注意力、布置学生活动、监督考试、检查家庭作业，以及电影、幻灯片等多媒体的运用能力。这种评价有力地促进了教师教的组织培训和能力提升。

2. 以引导学为主

以引导学为主的评价标准是以学生在课堂学习中呈现的状态为参照来评价课堂教学效果的。教学评价的对象是学生的学习过程及结果，根本的评价标准应是学习者能否在课堂教学中积极有效的学习。评价以激励学生学习为目的，通过测量，系统地收集数据，从而对学生通过教学发生的行为变化予以确定。例如某中学课堂教学评价表将学生在课堂中达成的即时状态表述为：学生自主、合作、探究、实践能力得到培养和体现；学生能掌握当堂所学的内容，学会使用学习方法解决问题；知识、能力在原有的基础上有所提高；学生感受到自我能力发展的愉悦，体验到成功的乐趣。

3. 推动教学活动的整体发展

在具体的课堂教学活动中，各个因素的相互作用共同构成了课堂教学的统一体，因此，课堂教学评价并不仅仅指向教师或学生的分离的行为，或孤立地评价某一因素，而是把整个课堂教学活动作为评价对象，以推动教学活动整体性的发展为目的。这种评价标准以心理学为理论基础，最终目的还是使学生更容易、更好地学习学科知识，学科知识仍然是整体性课堂教学评价标准关注的轴心。除了学科知识，评价标准还包括课堂管理制度、师生关系、学生学习态度和学习环境等内容。

（二）价值论

1. 社会本位 / 个人本位

社会本位价值取向认为，在教学中必须按照社会的要求确立教育教学任务，满足社会的教育需要。因此，课堂教学评价的标准必须以社会需要为基准而建立。顾明远在《教育大辞典》第一卷中对教育本质的注释是，教育是培养人的活动。教育作为人类社会的特有活动，最本质的特点就是对人的培养，通过培养人来为社会服务。这一特点贯穿于古今中外以至未来一切教育之中。鲁洁则认为，教育是人之自我建构的实践活动，她显然主张个人本位。

个人本位价值取向认为，教学必须满足个人发展的需要，包括知识、个性、情感、态度和能力等方面发展的需要。因此，评价一堂课的标准，主要是看其促进学生及教师发展的程度。当然，对于教师发展的评价也可以从制度规范（即社会本位）和职业信念（个人本位）两方面做出效果推断。

2. 结果主导 / 过程主导

结果取向的评价标准注重质量和效率，比较单一、片面，相对简单，对结果的评价侧重学生外在的行为表现。结果取向的评价目的并不是帮助参与教学的学生个体，而是判断或决定教学方案是成功的还是失败的，是继续使用、修改还是放弃。如毛亚庆教授所言，对教学结果的评价偏重于"学生发现这些课程教材本来的意义，学习成绩的好坏和学习能力的大小，就由他对这些课程、教材原义的再现和复制原义的程度，以及他死记硬背不掺杂任何个人创造性的原文的复制程度加以裁定"。

过程取向的评价标准注重表现和情景，强调评价标准的生成性和多元性，比较全面、系统，操作相对复杂，相对重视课堂教学对学习者情感、态度、价值观养成的作用，目的在于引导学生积极、主动参与学习并产生强烈的情感体验，保持师生、生生之间的有效互动，为学生的主动建构提供学习材料和时空上的保障，使学习者实现对知识的真正理解。

3. 标准测验 / 真实性评价

标准测验的理论依据正如教育测验专家麦柯尔所言："任何东西，存在于数量之中，都可以被测量。"在美国原有的"人事工程思想"的推动下，人们借助标准化的测验试题试图统计学生的心理和学习效果，以及先天和后天的所有能力及性质，通过客观数据来反映学生的学习效果及能力大小。标准测验在实施过程中暴露出了不少问题，尽管这种测验更为客观化、标准化，可把人的能力数字化，方便人们进行价值判断，但它毕竟不能测出人的全部。因此，增加对真实情景下解决任务的能力和过程的评价是对这种标准测验取向的一种补充和完善。

真实性评价的基本主张是对学生进行更直接的技能测验。所有真实性评价的一个普遍特征就是强调评价对象执行任务的能力，而不是回答提问的能力。例如以学生能否接受或设计一个实验来考查他们的科学知识，或让学生写一篇短文以表明其写作风格。总之，真实性评价认为评价方法仅仅靠纸笔测验是不充分的，应该采用包括观察行为在内的更为广泛的方法。因此，真实性评价的标准要求反映了评价者的行为表现及解决任务的能力水平。

（三）要素论

1. 教学过程分析

教学过程标准的选取依据的是课堂教学活动的主要构成，把教学活动分为教学目标、教学内容、教学过程、教学方法、教学效果等环节，对每个环节的内容进行进一步的细分与规定。裴娣娜教授曾指出，我国当前小学普遍使用的课堂教学评价标准源于20世纪50年代初，经过几十年教学实践的不断检验和修正，逐渐形成了包括教学目标、教学内容、教学方法、教学进程结构以及教师教学基本功等主要方面指标的评课要求。这一延续了半个多世纪的评价标准正是教学过程要素分析的集中体现，其中的一个重要基本环节就是教学内容设计，包括"把握重点难点、联系生活实际和开发利用教学教源"三方面。

2. 教学行为分析

教学行为标准的选取是依据课堂教学中人的具体行为来进行的，包括了教师教的行为、学生学的行为和师生的互动行为，具体评价项目依据上述三种行为而展开。例如教师的课堂提问、组织暗示，师生间的交流、互动，以及学生与学生的合作、游戏等行为表现。库宁在研究中发现，善于维持课堂秩序的教师具有以下特征：机警、能一心两用、教学顺畅且能激励学生、作业富有变化且具有挑战性。

3. 课堂文化分析

基于课堂文化分析的评价重视教育教学思想、价值观念、制度规范、行为规范和课堂风气的形成表现，整体上考查课堂中的管理方式、师生关系、学生价值观和环境育人的优化度等。例如天津市宝坻一中以学生为中心，开发了 18 条学生评教方案，其中"责任心、师生关系、教学态度、规范字、言行仪表、课堂纪律、课堂气氛"等内容均涉及课堂文化的成分。总体来看，课堂文化具有隐性功能，不容易引起评价者的重视，也不利于操作，呈现的标准并不多见。当前，基于课堂文化的评价普遍采用了参与式观察、深度访谈、生活史、口述史、课堂志、教师叙事、学生叙事等指标。

三、小学课堂教学评价标准的制定

"从评价的一般意义上看，任何评价本质上都是价值判断的过程，教学评价就是评价主体在事实基础上对客体价值所做的观念性的判断活动。"其实不然，评价不仅是一种观念性的判断活动，也是一种实践操作过程，这种操作的依据就是"标准"。由此可见，标准是价值观反映在实践活动中的一系列规则、原理和方法体系，对实践活动具有严格的规定性和很强的操作性，标准的制定必须体现这一特性。出于对评价客体的价值追求和现实情况的考虑，采取以下三种方式来制定评价标准可以提高标准在教学活动中的实效性。

（一）基于不同的目的要求，分层制定标准

标准的建立是与不同层次、系统的目的密切相关的。这种不同层次和目标相互缠绕的现象在生活中显得那样自然，以至于我们根本没有想到要区别它们，于是，在评价中我们总是处在一种无从入手的状态，很难将标准付诸实践。严格地说，从知识传授到学习型社会建设，不同层面的教育目的所对应的标准要求体现了一种递进关系。

1. 社会层面：教育系统化的目的考虑

信息化学习社会提出共享学习资源，建立学习型社会的目标。教育的目的是形成全社会尊重知识、尊重人才的良好氛围，增强公民意识和人才交往意识，注重情感、态度、价值观和社会责任意识的培养，让学习者养成良好的品德和行为习惯，引导学生有远大抱负。基于这一目的，课堂评价标准中的课程设计应开发学科知识的育人价值，培养并形成学生主动、健康发展的意识与能力，教师须引导学生体验丰富的学习人生，进而满足生命的成长需要。学生要乐观上进，积极感受、体验、认识、欣赏、改变和创造外部世界，在经历和体验中获得成长，使课堂成为自身思想表达、情感交流、展示自我的场所。

2. 教育层面：学校教育的重心考虑

学校教育的重心是提升学习者的学习能力，培养终身化的学习人才。学校须重视学习环境的构建，注重资源的建设和利用，关注并考查学生利用资源进行学习的情况。基于这一目的，课堂评价的标准应该着重考查教师对学生的关爱、人格和权利的关注以及

重视程度，关注学生的学习兴趣和习惯的养成以及个性发展情况，培养学生善于搜集处理信息、主动学习、不断更新知识的学习能力。

3.学校层面：教学环节的中心考虑

转变学习方式，提倡自主、合作、探究学习是当前教学改革的方向，教学活动应该成为师生交往互动的过程，学生的学习方式、教师的引导和组织方式应该成为考查的重点。基于这一目的，课堂评价的标准需要考查教师在课堂中的角色、教学的智慧和策略的运用情况、课堂组织、师生关系等。对学生而言，评价标准主要应考查其课堂上时间的分配、课堂互动、学习策略和学习方式的运用情况。

4.教学层面：课堂知识教授的目标考虑

提高学习效率、注重学生学业成就是课堂知识讲授的目标。学生通过知识、技能的学习，具备读、写、算的基础学力，这是教学的重要任务。因此，课堂评价的标准应包含以下两部分：对教师而言，须考查其对课堂目标的确立、课堂教学的设计和课堂内容的选择情况；对学生而言，学习目标是否明确、课堂是否投入、课程标准中的知识与技能目标是否实现，这些是考查的重点。

（二）在相互协商的基础上制定标准

标准有别于一般的习俗和惯例，是隐含着权力的载体，也是一种权力的象征。标准不是唯一的，评价的目的是促使大家向一个比较一致的方向靠近，而不仅仅是对结果做出价值推断。所以说，标准应该是大家认同的、共同努力的目标，标准的制定应该是一个集体商议、各级互动的过程，而不是消极被动地服从约束与管理。

1.管理者与教师互相协定

由于参与评价人员的生理条件和心理特点以及文化修养各不相同，又都在各自精神和物质背景影响下从事教育评价活动，所得的评价结果并不完全贴合评价对象状况与客观现实符合的程度，而是参评人关于评价对象状况不同意见的交换或认同的结果，因此，最终的结果可能是仁者见仁，智者见智的。那么，在编制、设计评价项目和评价目标时，管理者应充分考虑参与教师或其他对象的意见，广泛收集评价信息，用磋商的方法，逐步缩小意见分歧，最后形成一致看法，这样的标准才具有共同约束力。标准的构建是作为过程而展开的，教师通过参与标准研究，能够反思自身，从而克服当前教学实践中不合理的传统教育观念和行为方式，增强实践活动的合规律性与合目的性，提高教育改革的意识，明确教育科学研究的方向和主题，提升自己的教育能力，形成自己的教学风格与特色。

2.师生双方沟通协商

评价是协调价值观的过程，在评价过程中，评价者之间、评价者与评价对象之间，在教育价值观上存在着差异，这体现了价值系统的多元化。有效的评价结果是评价者和评价对象公认的，为了取得公认的评价结果，必须协调评价者与评价对象的教育价值观，减少他们在评价标准认识上的分歧，缩短其与评价结果看法的差距，最终形成一个公认的评价结果。师生之间既是一种评价者与评价对象的关系，又是一种评价对象之间的关系，师生只有相互协商、共同定制评价标准，才能同时接受评价结果，并以此作为下一阶段努力的目标。

3.学校和家长意见的统一

课堂教学评价标准推行的最大障碍可能来自家长和社会等外部力量，因此，标准的制定应该考虑家长对学校教育功能的认识。过去的家长送孩子上学校，更多的是为了让子女听从教师的教导，学习知识和技能。现代家庭的教育观概念则完全不同，只有持份者、公众、大众传媒、家长等都对学校满意，这所学校才称得上一所好学校。教学应力争使学生素质高一些、资源多一些，教师应该扮演资源开发者和有效资源应用者的角色。但是，完全以市场为本的教育概念又过于功利，若只让家长或市场满意了，这样的教育对学生的未来发展是没有保障的，对长远的教育以及整个社会来说也是无益处的。学校教育须帮助学生增强思维能力和创造力，促进学生的持续发展，在这一层面，学校和家长应该达成一致。否则，学校为了讨好家长和社会可能会做出违背教育规律的事情，这样的教育终会违背"办人民满意的教育"的初衷。

（三）标准的选取应满足社会不断发展的需要

评价主体的需要是评价标准制定的基础。在评价活动中，评价主体所理解的价值主体需要以评价标准的形式来衡量。人们的认识观念和实际需求决定了标准的选取具有多维性、生成性和现实性。

1.评价标准具有多维性

标准的演化与发展深受时代背景、社会转型、价值取向、教育思潮的影响，体现了时代的基本精神与历史的进步趋势。如夸美纽斯的主张源于对封建教会教育的批判，迎合了资本主义社会对知识人才的需求，提出了愉快、彻底和迅捷的课堂教学主张；泰勒原理的提出正逢进步主义在美国兴盛的时期，泰勒在批判传统教学和教育测验的基础上提出了目标原理；近年来，英美等国课堂评价标准的主要目的就是促进教学的专业化、教师职业的专业化，以此提高教师的教学水平和学生的发展程度；在新一轮的课程改革中，我国学者也提出了质量标准、效率标准和过程标准。比如崔允漷教授认为，课堂教学好的标准是"教得有效、学得愉快、考得满意"。当然,每个学校也会出于自己的目的,选择自己的阶段性评价标准,这都是合乎逻辑的。

2. 评价标准具有生成性

虽然课堂标准有着丰富的内涵,但并不是一个规范性的概念,它主要是对课堂教学状态及成效的一种描述。面对层次差异很大的学校特点,应考虑到学校软硬件和生源的差异,用不同层次的课堂标准来衡量各种不同水平的课堂教学。因此,标准中的指标体系不宜过于细化,学校、教师和学生应该根据自身实际情况,共同开发,形成一个有助于目标完成、富有创意的、具体的指标。课堂教学标准的研究只是给我们的价值判断提供一个参考框架,我们不应该搞一刀切,视其为绝对标准,评价标准的生成过程当中是不断追求发展的过程。

3. 评价标准具有现实性

信息时代的受教育者已经不再是传统课堂上的被动学习者,他们的主体性得到了充分发挥,从被动灌输变为主动求知。学生亲自参加学习活动和社会实践活动,这是其获取教育信息、建立直接经验的重要渠道。面对信息技术所带来的机遇,教学和管理应该如何转变?通过 IT、网络,教师和学校如何使学生的学习机会得以最大化?如何提高学生的自学能力,实现终身学习?如何发展学生转变自学方式的能力?如何使学生自身持续发展多元智能?这些问题都应成为课堂评价关注的问题。总之,信息时代更强调学习者学习能力的形成和发展,评价标准应该体现这一现实要求。

第四节　群体心理学与小学课堂教学评价

学生组成学习群体之后,群体往往会表现出与组成它的个人所具有的完全不同的全新的特点,群体常常表现出更加易于接受暗示性的特征。在群体中,每一种情感和行为都具有传染性,群体中个体有意识的个性消失,无意识的个性得势,思想和感情通过暗示和相互传染的作用而指向相同的方向。

在传统教学中,经常会运用评价的手段对学生个体以及团体的良性行为给予及时肯定和鼓励,促进个体及团体的发展。如果能根据群体的特点,科学地运用评价手段来影响和促进群体的情绪以及行为,就可以通过对学生群体的引导,激发出学生个体的潜能,促进学生个体的成长。

一、"合作学习、交流分享"促进学生形成学习群体

小学数学分享式教学中，学生常常会经历数个"问题—思考—分享"这样的螺旋上升的学习单元。在教学中，往往通过一系列的教学活动，使每一个学生个体的情感和行为都指向学习活动这一中心，使情感和行为达到高度一致性，从而使学生个体的集合具有群体的特征。我们的教学活动，不再是面向学生每一个体的单向性行为，而是通过学生群体的学习活动，使每一个个体获得更多的学习体验，激发出更大的潜力，获得更好的成长。

例如在教学"组合图形面积的计算"时，为学生建立学习小组，创设问题情境，引发学生独立思考，学生在小组内交流，收集、整理出小组中对这一组合图形面积计算的几种不同方法，然后在全班展示分享。将不同解法进行类比、整合、概括提炼，从而得出解决组合图形面积的几种不同方法，例如"分割法""割补法""挖空法""折叠法""旋转法"等，学生们在群体合作学习中获得了更多的学习体验和思维提升。

二、利用群体的特性有效开展教学评价

个体组合成群体之后，思想和情感具有高度一致性。

群体的行动是否整齐划一，向哪个方向行动，取决于刺激因素的性质。

（一）利用可视化评价手段激发群体传染性和模仿性行为

群体总是被鲜明的形象所打动，所以对群体的评价，一定要注意可视化，比如表格、卡通贴纸、阶段表彰仪式化行为等。

在实践中发现，在对团体评价时，形象、具体的评价手段比无形的言语鼓励，更能收到较好的效果。我们可以制作一些评价表格，然后将表格上面的数据以图形、彩色贴纸等形式呈现，并且在活动结束时举行一个总结表彰仪式。这样的评价手段，比单纯的口头激励更好。

群体的思想和情感都指向同一个方向，群体的行动是整齐划一的，是无意识的，群体中成员更加容易被暗示，行为更加容易相互传染。在教学中，我们可以利用评价手段激发群体成员间的传染性和模仿性行为。因为群体成员有着强烈的与其他成员保持一致的需要，而我们的评价手段给个体行动带来了更多的动力和积极性。

有位教师过去常常为学生做作业慢而烦恼。一天，他在黑板上画了一个表格，先做完的可以上台在自己团队下面加一颗星，结果，收到了意想不到的效果，不一会儿，表格就被星星占满了。学生们完成作业的速度超乎想象，每个人都被自己的潜力惊呆了。

黑板上的星星这一鲜明的形象，引发了群体的模仿和传染行为。

（二）群体思维非理性的特点不宜采用"批评式激励"

由于群体思维具有非理性的特点，批评式激励很难收到良好的评价效果，相反，会让群体不知所措、相互埋怨，或者是引发群体的退步现象。在评价中，应该尊重群体感性这一特征，关注群体的情感，在他们表现出色的时候及时给予肯定，在他们表现不足时，也要保持宽容和接纳。

在对群体的评价中，个体的所有表现都被淡化了，个体所有行为及表现将转化为团队的行为及表现，个体自我认同将转化为团队的自我认同。因此，对于群体的批评，会使群体失去自我认同，转而内省，向内寻找原因——拒绝接纳某个或某些个体的行为。个体由于受到群体的排斥，失去力量感、脱离群体，而群体也因为分化而失去了同一性和前进的动力。

三、明确规则，运用规则进行评价

群体的行为是受潜意识左右的、非理性的，群体往往会心平气和地接受规则的结果，但随机性的评价会让他们不知所措。所有规则、程序、管理都应该比对个体管理时更加细致。在对群体的评价中，应该和学生一道制定出清晰明确的规则，运用规则来对群体进行管理和评价，减少使用随机性评价。

在群体行为与规则发生偏离的时候，应该思考的是之前的程序和规则以及在执行的环节是否有疏忽的地方，哪里没有做好，是什么触发了这样的群体行为，以便及时修正。

四、运用显著启动法影响群体的同一性

因为群体总是具有情感和想法的一致性，群体更加倾向于接纳、认同、模仿他们认可的行为。我们在对群体关注和评价的同时，可以利用评价手段，让某一种认同在认知过程中变得显著，让群体的某一行为获得更多的正向强化，让这一特征更加鲜明，从而引发对群体同一性的影响，利用群体的模仿和传染行为，使群体更多成员具有这一行为。

例如在班级教学中，我们可以运用积极关注，对某个群体或者某些学生的某一项优秀的品质进行及时地肯定，通过一定的评价手段使这一特征得以彰显并且逐步固化，并使其具有同一性的特征。这一品质便会被模仿、传染，群体中会有更多成员拥有这一品质。

学生群体具有与个体不同的特征，在教学中，我们可以运用评价手段，激发群体成

员间传染性和模仿性行为，运用评价手段给群体带来更多的动力和积极性，通过暗示和相互传染的作用影响群体的情绪以及行为，通过对学生群体的引导，激发出个体能量，使个体获得成长。

第五节 小学课堂教学有效评价策略

第多斯惠是德国著名教育学家，他曾经指出，教育不只是一门传授知识的科学，更是一门鼓励的艺术，通过一系列良性的举措，引导学生，抛开胆怯，凭借勇气在学习生活中获得成长。教学评价在小学教育中扮演着独特的角色。通过教师的客观评价，很多孩子能够及时了解近期学习中的不足，通过及时的调整来提高成绩。此外，教师对学生做出评价，意味着和学生有了心灵上的交流。事实证明，经常沟通的师生关系更为亲近，信任教师的学生学习会更加努力。所以，教师可以通过教学评价拉近自己与学生之间的距离。此外，学生还处于需要得到认同的阶段，适当的奖励能让他们有足够的信心和勇气前进。从优秀的教师那里吸取评价经验，结合学生在课堂上的表现，对性格各异的学生及时给予贴切、实际的评价，督促学生成长，成为现今教师们的主要任务。

一、站在客观的角度评价学生

通常来讲，从一个学生的学习态度就可以看出他的成绩走向。所以为了防止学生走下坡路，教师每时每刻都会关注学生的状态，发现不对的苗头，就通过谈话沟通的方式解决。给予学生学习上的帮助，帮他们分析学习遇到的困难，教他们如何面对挫折。然而，在教学过程中，由于管理着很多学生，教师难免会有疲惫感。每个班里有名列前茅的学生，也有学习吃力的学生，有专心致志的学生，也有三心二意的学生，如果不及时调整自己的心态，教师也很容易被情绪控制，言行上行差踏错。所以，教师应该严于律己，在课堂上，把有正能量的一面展现给学生，而不是成为一个负面情绪的传播者。这样才能让每位学生信服。通过观察，教师能够发现阻碍学生学习进步的原因，对待不同的问题，要对症下药，避免让学生感到说教和疏远。通过评价、鼓励学生，让他们的内心不再抗拒学习，敢于直面困难。此外，不要经常夸奖成绩优秀的学生，要让善于学习的学生胜不骄，学习吃力的学生败不馁，通过客观评价，让他们在自我校正的过程中获得新的学习方法。

二、在评价中流露真情实感

很多学生认为自己和教师之间隔着一道墙，这堵墙妨碍了师生间的交流，所以有时候教师说的话，学生听不进去。可是作为教师，每个人都深爱着自己的学生，那些内心有隔阂的学生，也许只是缺少一个被人靠近关心的机会，那么教师可以像朋友一样走进他们内心。在评价学生时，如果千篇一律，学生也会察觉出来，所以教师要努力观察学生在学习生活中的优缺点，并在评价中表现出来。细致的评价，体现的是他们的学习态度和教师对他独特的关注。但是流露真情并不是表现坏情绪。在生活中的消极情绪，教师一定要学会克制，不要轻易地表现，如果教师的情绪变幻莫测，势必会引起学生学习信念的动摇，从而影响学习成绩。

三、生动幽默的评价语言

由于小学生处在三观塑造的初级阶段，注意力常常被有趣新奇的事物所吸引，他们很难对枯燥的教学语言产生兴趣。如果教师一板一眼地评价学生，学生恐怕不能接受，甚至还以为自己表现平平。长久持续下去，学生感受不到自己的具体变化，容易陷入苦恼之中，影响学习心态。因此教师在授课过程中使用的教学语言，应该在他们的理解范围之内，而那些评价，也需直击内心。让他们在发现自己的不足以后，仍然感到兴奋，有一股前进的力量充盈心间。

四、开展多元化的教学评价

由于不同的教师有不同的教学风格，所以他们的教学评价也显露差异。在评价过程中，教师要融入个人风格，从形式上表现出多样性。对待不同的学生，要鼓励他们的个性，因材施教，针对他们的个人特点做出适当的评价。如果仅从教师方面对学生做出评价，并不能产生良好的督促作用，为了更全面地了解学生的学习状况、个人生活，找出影响学生学习成绩的因素，教师可以制定家校互动学习评价表，结合教师评价、家长回复、学生自评，做出客观细致且互动深刻的评价。

五、把握时机，做出适当评价

评价的时机决定着评价是否深入人心。在课堂教学过程中，对于那些一时难以解决的问题，教师应该及时给予指点，给学生们思考解决的时间和方向，适度引导和等待，相反，如果把这些问题匆匆略过，学生会一直跟不上教师的思路，整个授课过程也会变得苦涩沉闷，因此，及时有力的教学评价是学生学习进步的良药，也是课程成功的关键。

在小学学习阶段，学生需要得到外界的评价，这些评价能反映他们的不足，可以引导他们不断优化自身来获得更好的学习效果。没有一种教学方法可以像课上评价一样及时有效地、温和地解决实际问题。因此，教师应该善于利用这个办法，通过丰富评价方法，走进学生内心世界，鼓励他们大胆尝试新，不断取得一个又一个的进步。这要比其他的教学策略高明很多，每一位教师都应该坚持尝试，直到卓有成效。

第六章　小学教育管理创新研究

第一节　小学教育管理中的激励机制

随着社会和时代的快速发展，未来社会对人才的要求逐渐从只重视人才的专业知识能力，我国必定要对教育体系进行改革，转变为要求人才在拥有专业知识的同时具备综合素质。所以管理者也要对小学的教育管理模式进行改革和创新，将教学管理模式的创新与国家未来发展趋势相适应，不断提升小学的教育管理水平，提高学生在未来发展中的竞争力。

学生接受教育的目的是通过不断提升知识技能和知识层次，来适应更高阶段的工作需求。教师作为学校教育的具体实践者，与学生未来发展的联系十分密切。学生在小学时期接受的教育，与学生未来发展的方向和发展高度有很大关系，所以对小学阶段教育体系的改革要尤为重要。而在教育管理体系中引入激励机制，能够让学生在接受教育的过程中得到积极的情感反馈，在教师的引导下激发学生的自主学习动力，营造更好的学习氛围，实现教育质量的有效提升。所以，小学教育管理的改革应从引入激励机制入手。

一、小学教育管理中激励措施实施的问题

小学阶段的教育管理已经是小学教师教学任务中的一个重点，许多小学班主任逐渐意识到教育管理工作的重要性。但是在现阶段的教育管理中激励机制的使用仍存在一些问题。首先小学教师没能将教育内容与激励措施联系起来，向学生传授的教育内容没有超越教材，没能理解激励措施的内涵和意义，只是向学生解释关于学校教育的知识和理论，没有在教育过程中引入激励机制。小学生正处于注意力不易集中、思维跳跃、活泼好动的成长阶段，学生对枯燥的教育过程不容易产生兴趣，很难真正理解和学习学校教育相关的知识，不利于学校教育知识的高效传达。其次教师是对激励措施的认识较浅。激励措施是指在进行教学实践时对学生采用"激发"和"鼓励"的方式，激发学生的自主学习动力，并在学生学习过程中不断地加以鼓励，让学生的学习状态越来越好。激励

措施在教育管理中具有很大优势，激励措施的有效实行能够增强学校教育的趣味性，符合小学生的性格特质和接受能力。最后班主任激励措施单一。这一问题的主要原因是班主任在教学实践中没有掌握正确的与学生交流互动的方式，没能够充分利用"班主任"这一身份的优势，对学生的实际生活状况和性格特点不够了解，或者在对学生实行激励措施时只对班级整体进行，没有根据学生的具体情况调整教学方式，没有因材施教。

二、小学教育管理中激励措施的实施方式

（一）建立和完善教育管理激励措施体系

现阶段小学教师在进行教育管理实践时，在激励措施的使用上仍存在一些问题，所以，学校和教师要共同建立和完善德育激励措施体系，让学生能够接受正确科学的学校教育，用多样、高效的教学方式激励学生学习德育和教材知识。小学教师在课堂上的教学能力很强，这是因为教师对教材知识能够深入钻研，对教材知识了解透彻，但只是这样显然是不够的。学校教育引入管理激励措施体系的基础是增强班主任自身的能力，加深其对教育管理专业知识和激励措施的理解，就教育管理方式和激励措施的使用对其进行系统化和专业化的培训。学校也要加强对教育管理激励措施体系的重视，要承担好作为学校管理者的责任，建立教育管理激励措施以及教育监督机制。在教育方面要着力提升领导层的专业知识能力，使之以身作则，为其他教师树立榜样，也要组织和开展对班主任素质能力提高的相关活动。在监督方面，学校管理者要做好学校与班主任之间的桥梁，认真分析班主任在进行教育管理实践过程中使用激励措施时遇到的问题，及时向班主任提供实际有效的建议，密切关注班主任对教育管理方式和关于怎样使用激励措施相关知识的学习状况，对班主任的学习进程进行督促。

（二）注重德育中激励措施的教学实践

对教育内容有了深刻理解后，怎样进行教学也是小学教师在教育管理实践里使用激励措施时需要认真思考的问题。教师可以从增加激励措施方式，即目标、情感、榜样、反馈四个方面入手。在目标方面，小学教师可以给学生设立学习目标，但是目标的难度和时间限制要适当，要保证学生在经过努力后才可以完成。在情感方面，教师也要重视与学生感情的培养，在不断了解学生的过程中发现激发学生情感的正确方式。在榜样方面，教师在教育管理过程中要树立榜样，榜样可以是教师自身，也可以是学生中的佼佼者，让学生在课余时间也能够接受相关教育。在反馈方面，学生在小学阶段对自身的认识不够全面，很重视别人的评价，所以，教师在教育管理过程中要重视对学生的鼓励和赞赏，对学生的学习状况给予及时的反馈，帮助学生不断提升综合素质。

总而言之，小学教育管理是教育体系改革的重要内容之一，将激励机制融入小学教育管理实践是大势所趋，教师要对激励措施在教育管理中的实践方式不断进行改革和创新，加强对学生各方面能力的培养。

第二节　小学教育管理现代化

以小学教学管理理念的更新为根本出发点，通过探究小学信息化管理建设标准的三个基本面，基础建设、组织制度、政务校务的信息化与标准化，以及小学教育教学信息化管理机制在弹性管理机制、联动培训模式和数字教育资源普及方面的创新与变革，挖掘小学教育管理现代化体系建设的发展变化的深层次意义，为信息化背景下小学教育管理现代化的发展提供制度保证和建设基础。

一、小学教学管理理念的现代化

小学教育管理理念的更新是摈除盲目、低效、无序的管理，为教育教学过程增加更加系统、丰富、科学、灵动的多样化元素的过程。在教育理念现代化进程中，为兼顾学生水准、学校情况、地区标准和国家要求，应坚持以下三点：

（一）坚持教学管理程序步骤的民主化

在制订教学计划、检查教学成果、执行教学决策的过程中，要积极听取来自各方的声音，包括教学主体、教学参与者和辅助教学者等，既要体现对教学过程中所有直接或间接参与教育教学的个体的尊重，又要综合权衡多方面的意见和建议，做出符合民意的决定，以便在新计划执行时能得到教学参与者的认同、支持，切实提高新计划、新举措实施的成功率。

（二）坚持教学管理模式的本土化

信息化、现代化是教学管理理念变革的主导思想，但是由于地区发展水平和学生进入小学时在知识储备上的明显差异，所以，在教学理念更新的过程中务必要以地区教育教学水平和学生实际知识素质为依据，既不因循守旧，也不突兀冒进，培养提升教师素质的同时，提高学生及学生家长的接受度。

（三）坚持教育教学过程的公平性

实行公平的政策，营造公平的竞争环境，坚决消除"皮格马利翁效应"，转变教师课堂教学观念，维持教学参与者之间平等和谐的互动交流关系，建立公平课堂、公平班级、公平学校，这是小学教学管理理念现代化的根本体现，也是重点工作。

二、小学教育信息化管理建设标准

（一）基础建设的信息化和标准化

随着移动终端、云计算、物联网和 5G 技术的广泛使用，小学基础教育的信息化和现代化势在必行，信息化终端、网络建设和功能教室是小学管理信息化的基础建设配置。云端一体化智慧教室能够高效、低成本地为教育环节的用户提供稳定可靠的优质教育资源。网络教学、虚拟实验、移动学习是当前信息化教育和学习方式的主流方向，电子书包、电子课业、终端学习进度记录和监控以及网络教学评价更是创新"学"与"教"的方式的重要体现。但是，这些都有赖于学校教育信息基础建设的提升和完善，创建完善的信息化终端配置，提高现代化教育方式和教育资源的普及率，才是新型教育模式实现的物质根本。标准化的学校现代化教育基础建设，能够有效实现不同阶段教育成果的衔接。

（二）组织制度的信息化和标准化

现代化小学教学管理形式上的一个重要改变，就是在小学组织机构里加入了专门的信息化部门，并建立了与之相匹配的规章制度和发展规划。信息化中心或信息化部门的设立是教育本体对教育信息化的重视，也是小学教育向现代化转变的第一步。为彰显教育信息化必行必推的决心及信心，校级领导应主动承担起信息部门的领导职责，为信息化工作的开展提供方向性的规划和指导，确保信息化建设工作能够有效推进。涉及信息部门的人员配置和分工，以及网络信息安全管理等工作的规章制度，是保证学校教育信息化建设工作的制度约束和规范依据。在相关制度的建设中，要充分考虑信息工作人员的专业水准，考虑学校信息化发展短、中、长期规划与国家信息化发展战略规划的适应性，考虑校方规章制度与国家相关制度的融合性，使学校教育信息化工作的开展具备最基本的制度保障和标准前提。

（三）校务、政务的信息化和标准化

校务、政务信息化是学校教育信息化工作的系统保证和外部前提。校务工作的信息化能够为教育活动的各方主体提供具有差异性的适合不同主体的指向性教育管理程序，政务工作的信息化能够为教育教学活动的辅助工作提供高效、高质管理平台。校务和政务是学校的两项主体工作，信息化管理服务系统在校务方面主要表现为学生、教师管理系统，其功能性体现为对学生学习和教师教学过程的管理和评价，而在政务方面主要表现为辅助教学和学校功能程序系统的实现，包括人事管理系统、招生服务系统、财务管

理系统等。全面信息化工作中能够实现校务与政务的信息化和标准化建设的齐头并进、互联互通，是实现校园办公无纸化、信息公开透明的必然保证。

三、小学教育教学信息化管理机制的改革与创新

（一）小学教学管理模式的弹性转变

传统管理机制的主要特点是封闭式、单一控制、教师主导和行政化突出，小学教学管理机制改革创新的重要诱因之一就是整合思想的确立。

在教学管理模式改革上，整合思想体现为三个层次。第一，课程计划由固定形式向灵活方式转变。小学教育传统教学课程设置实行参照大纲要求和学期周期编制教学计划，根据计划执行率来控制教学任务完成情况，整合思想体现为综合教学反馈、教学计划和教师个性化教学安排，灵活调整教学目标和课程设置。第二，课时设置由细化向模块化转变。传统小学教育强调教师主体，由教师主导教学过程，课时设置刚性硬性，学生以完成固定课时学习为主要目标，信息化教学管理则无限丰富了教学任务的形式，将教学任务根据依托载体的差异转化为多个并行模块，学生可以充分利用整块和碎片化时间分项完成课堂学时和网络课堂学时，以部分促整体，全面学习知识。第三，课程评价由单一化向情景化、客观化转变。

（二）小学教师信息化教育培训机制联动转变

教师作为知识的传授方，其知识深度和覆盖面直接影响学生所接受的知识的质量。在信息化背景下，对小学教师进行信息化相关知识的培训，一方面可以加深教师对教育现代化变革趋势的认识，更好地从学校和自身的角度迎合教育变革，另一方面通过培训掌握先进教学辅助设备的使用方法并提高自身信息化应用水准。教育联动的形式一般表现为"地方政府＋小学学校""培训中心＋学校本体""大学＋地方政府＋小学学校"等，形成信息化现代化教育队伍人才协同培养模式，就是以地方政府为桥梁，引入高校的教研结果，以项目式研讨和实践领域与教师沟通碰撞，经由专业培训机构整合教研实践，以专门化培训输出的形式将信息化教育联动产出渗透到事件应用领域。

（三）小学数字教育资源运用普及化转变

利用互联网优势，实现国家教育平台与省市平台的互联互通，深化小学数字教育资源的开发与运用，严格控制小学数字教育资源平台公开的资源质量和资源对接的精准度，配合实施网络扶智工程，深入推进"专递课堂""名师课堂""名校网络课堂"的应用，扩大优质教育资源的覆盖面，拓宽学生接受优质教育资源的途径，加强教师的自我学习

与完善。

小学数字教育资源的普及运用需要"三个保证"：一是保证"校本位"和"班本体"，以学校要求和班级课程进度为根本前提，在此基础上结合数字教育资源丰富课程内容和形式；二是保证以学生智力发展水平和知识接受状况为基础条件，重在拓宽知识面；三是保证以常规课堂教育为主，以数字教育资源为辅，便捷高效评价学生学习成果，关注学生学习成长发展的全过程。

第三节　小学教育管理工作的价值取向

在小学教育管理工作中要遵循十九大的重要指示，贯彻科学发展观，坚持以人为本的管理原则，将科学主义与人本主义良好地衔接在一起，更好地发展小学事业。

实现小学教学有效性的基础是做好小学教育管理工作。良好的小学教育管理工作能够提高小学的教学质量，有助于建立学校良好的口碑。小学是教育事业的开始，是整个教育事业的重要基础，良好的开端有助于未来高等教育的发展。

一、小学教育管理工作的价值取向论述

教育管理是学校协调并组织工作的教育理念和教育系统，采取有效的手段管理学校的教学活动，是管理学校的重要方法。学校管理者在管理学校的时候，要充分发挥人力、物力和财力的作用，充分利用现有资源，更加高效地实现教学目标，使学校得到更好的发展。教育管理的含义有广义和狭义之分，广义的教育管理是对学校的所有工作进行管理，提高学校的教学水平和学校的知名度，使得学校的各项政策顺利落到实处。狭义的教育管理工作只包含学校的行政管理工作，一般是由学校的行政部门负责。

二、小学教育管理工作的科学主义价值取向分析

在实践的基础上形成了小学教育管理工作的科学主义价值取向，管理学家强调组织的重要性，在进行学校教育管理工作之前，必须先建立科学成熟的组织体系，根据管理目标建立完善合适的管理计划。此外还要制定严谨的制度，使管理工作能够更加高效地开展。在进行小学教育管理工作时，要权责明确，科学分工，提高管理工作的效率。小学教育管理工作中应该贯彻落实科学主义价值取向，使小学教育管理工作更加高效地进行。

（一）小学教育管理工作中要注意科学量化的实证资料

在小学教育管理工作中，量化管理工作有助于管理者发现管理过程中出现的问题，从而能够及时地解决问题。管理者在小学教育管理工作中要制定量化的标准，统计和调查工作能够帮助管理者获得准确新鲜的管理数据，帮助管理者制定正确的管理方法，提高管理工作效率，量化的实证资料对小学教育管理工作具有重要的战略意义。参考大量的数据，制定有效的管理策略能够有效地实现科学化管理。

（二）在统计量化资料的基础上有效地进行管理工作

在小学教育管理工作中，管理者需要对大量的数据进行分析和总结，从而制定出完善的管理制度，充分发挥工作人员的优点，科学分工，使小学教育管理工作得以更加高效地进行。

三、小学教育管理工作中人本主义价值取向

教育管理的关键是人本主义的价值取向，因此，在管理时要贯彻落实人本主义的管理理念，提高管理工作的效率。

（一）小学教育管理工作中应用人本主义价值取向的必要性

人本主义价值取向具有悠久的历史，在古希腊和古罗马时期就已存在，用于教育当时的人。在文艺复兴时期，社会主张以人为中心，这与人本主义价值取向高度重合。人本主义价值取向与"人文主义运动"的结合，充分实现了人在社会中的价值。在我国，人本主义的价值取向也早有体现，孔子最早提出的"仁"的概念就是今天我们所说的人本主义，要求人与人在交往过程中要讲道德，和谐相处。进入 20 世纪之后，人本主义在全世界范围传播，并且广泛运用于管理工作。所以说，在小学教育管理工作中坚持人本主义价值取向有着丰富的理论依据。

（二）小学教育管理工作中应用人本主义价值取向的重要性

学校是一个由很多人组成的教育机构，因此，在教学工作中要充分贯彻人本主义的重要思想。管理者在进行小学教育管理工作时，要充分研究学生的性格和心理特点，使管理工作更加具有针对性。在管理过程中要避免单一化和机械化，要将人本主义价值取向充分表现在小学教育管理工作中，管理者在评估教师的教学能力时，要使用科学高效的评估体系，而不是单一、机械地对教师进行评价，在评估时要避免形式主义。要根据教学的实际情况，教学的具体目标和任课教师的特点，建立系统全面的评估体系，更加真实地评估出教师的教学能力。在评估过程中，要保证评估体系具有人文情怀、人性化。

在小学教育管理工作中，管理者要将眼光放长远，不要拘泥于短期利益，要分析研究采取什么样的措施对学生和学校的长远发展有利，在管理的同时，要引导教师在教学过程中坚持人本主义价值取向，真正践行"以人为本"的教学理念。

第四节　小学素质教育管理

目前我国教育体制正在不断改革与发展，素质教育正在全方位地推行实施。情感素质教育将主动权与自主权从教师手中交还给学生，有利于建立学生的主观意识，刺激学生渴求知识的欲望，加强师生之间的情感交流，激励学生自主独立研究探索，使之可以运用所学知识进行创新发明，提升学生综合素质。

20 世纪 80 年代中期，我国教育界学者开始摸索改革应试教育和素质教育的路径，取得了显著成果，尤其是在教育理论与实践新进展方面，成绩分外喜人。所谓的素质教育是指培养、提高所有受过教育的人的整体素质，促进人与人之间的和谐发展，正确引领人们的价值取向。教育目标是促进现代学生道德的全面发展，知识、物理和艺术的发展，执行党和国家的教育政策，全面实现教育的整体进步。

一、素质教育下小学管理系统的内容

（一）素质教育管理下的教学管理

小学普通教育的教学管理是一个非常重要的工作。课程与教学安排是学校教学的基础。学校教学需要为相关教育教学管理创建基本的环境，鼓励教师提高教学水平，优化课堂教学，激发学生的学习积极性，提高教学质量。要发现教学过程中存在的问题，必须不断强化教学管理的评价机制。

（二）素质教育下的教育管理

小学管理体制的建设主要是为了改善和约束学校师生的思想和行为。因此，有必要加强对学校各方面教育制度的管理和监督作用，做好相关考核工作。

（三）素质教育下的校园管理

小学的建设和管理系统主要包括硬件设施、校园环境和校园文化氛围等，是小学管理系统的重要组成部分。文化活动可以以文明建设、和谐校园环境的形式来组织。与此同时，必须加强学校硬件设施建设。建立一个小学管理系统，需要确保校园环境的整洁，调动学校师生的各种积极性来维护学校环境，做好对学校环境的监督工作，为奠定基础、提高学校管理水平打下基础。

二、目前推行素质教育所面临的问题分析

（一）分析学校与社会的双重制约

我国素质教育改革进展缓慢，虽然改革实施早且不断深入，而且是学校和社会直接引导的双重推进，但成效仍然不够明显。一方面，社会对人才选拔、学生素质没有过多的要求，更多的是考虑对专业知识的理解和运用能力；另一方面，学校对学生的需求不够关心，对教学目标的追求远远大于对学生的素质教育的追求。

（二）家长的曲解与学生的抵触也是重点之一

对于素质教育，许多家长和学校一样，以自己的生活经历否认素质教育的重要性，持怀疑态度。他们认为应该更好地进行专业课程的学习，其他只是浪费精力，无关紧要。素质教育在各个学校开设的教育课程中的表现形式不同，形式化现象普遍存在，课堂质量明显下降。

三、从素质教育的角度分析中国初等教育的管理策略

（一）建立素质教育网络体系，创新素质教育工作机制

突出素质教育的主体，坚持"素质教育第一，人本第一"的教育思想，建立素质教育网络，扩大素质教育的载体，创新素质教育模式。素质教育活动体系以"素质教育科、教育室、班组会议"为阶梯；以"校委、班主任"为主体；课堂渗透系统以"业务负责人、指导室、学术研究室、教研室、学科教师"为主要力量，构建全过程、网络化、动态管理模式，形成长效机制，包括人员教育，全过程教育和全家教育。

（二）以人为本是小学管理制度的核心内容

教育应该把知识融入管理系统。小学生已经开始有自己的想法和想做的事情，很多想法不同于成人。因此，在管理体系建设中，学校应引导学生的思维方式，在人与人之间的互动基础上建立"以人为本"的管理体系。素质教育的核心和根本都是为了学生发展，"以人为本"。知识不等于教育，高等教育不等于高质量。

（三）开展实践课程活动，深化素质教育观念

在日常学习中，为发扬情感素质教育对学生生活的积极意义，教师应避免直接灌输思想以免引起学生的逆反情绪。教师应该开展学生喜欢的有趣的活动，以对学生的情绪素质产生微妙的影响。如以清明、端午、重阳、中秋等传统文化节日为契机，组织学生在网上进行"清

明节祭"、端午节习俗、"九九重阳岁月的爱"、支持"团圆节"等道德实践活动，传承中国优秀传统文化，发扬社会主义主旋律，"感受家庭情感，学会感恩""关注社会，传递爱心""加强健康，幸福生活"等教育元素能增强孩子的社会责任感，培养孩子的自我管理、人际交往和社会实践的能力。

第五节　小学传统文化教育管理

传统文化教育不仅能够增强学生的民族情感，更能够提高学生的文化涵养。小学教育是教育的基础，传统文化教育要从小抓起，逐渐渗透。然而，当前小学教育中，传统文化教育并不理想，仍然存在着一定的缺陷和问题，需要不断改进。

一、传统文化与小学教育

（一）传统文化内涵

传统文化就是经过文明演化而汇集成的，一种反映民族特质和风貌的民族文化，是民族历史上各种思想文化、观念形态的总体表征。包括物质的、制度的和精神的文化实体和文化意识。

（二）传统文化特点

中国传统文化具有鲜明的特点。即世代相传、博大精深、历史悠久，极具有民族特色。

（三）小学教育培养目标

小学教育主要是培养学生德、智、体、美、劳全面发展，要求学生具有较好的思想素养、基础知识、良好的综合素质。因此，传统文化的教育是小学教育不可或缺的重要组成。

二、小学教育管理中传统文化教育的缺陷

（一）传统文化教育重视度不高

由于应试教育等多种原因使得教育对传统文化的重视度不够，大部分家长也认为传统文化教育对孩子没有意义。因此，学校为了提高教学成绩，教育重点多放在对学生基础知识的培养上，没有认识到传统文化对于学生长远意义上的影响，这样不但不利于学生素质的提升，更不利于传统文化的传承与发展。

道德是传统文化中的重要内容。它并不是单纯的规定，而是人类长期生活中逐渐形

成的行为、思想准则，是传承传统文化的重要方面。道德教育是对学生有目的地施以道德影响的活动。内容包括提高道德觉悟和认识，陶冶道德情感，锻炼道德意志，树立道德信念，培养道德品质，养成道德习惯。中国传统道德教育是德教与修身相统一，是指导与躬行相统一，是言教与身教相统一，对现实道德教育具有重要借鉴意义。学校加强德育教育要注重发展学生的道德认识、陶冶学生的道德情感、培养学生的道德行为，提高学生的道德判断力和道德敏感性。使学生能够运用一定的道德标准，对一些事件或行为进行对与错、当与不当的判断。能够敏锐地感知、理解和体察自己、他人的情感、需要和利益。这也是提高传统文化积极影响力的重要途径。

由于应试教育的深刻影响，虽然新课程标准不断进行改革，大力提倡素质教育，促进学生德智体美劳全面发展，以及不断强调对传统传文化的有力传承，但是，在小学教育管理中，还是以学生的成绩为重，对德育教育重视度不够，学生发展不平衡，没有很好地帮助学生树立正确的人生观、价值观。

（二）缺乏合作意识

小学教育是对学生群体的教育管理，学生之间需要团结合作，互帮互助，才能够共同进步。学生缺乏集体与团队意识，以自我为中心，甚至在与家长教师沟通出现矛盾时，不听师长劝诫。传统文化中的礼让、谦虚等内容在小学生身上严重缺失。

三、小学教育管理中加强传统文化教育的措施

（一）提高对传统文化的重视度

中国传统文化是中国数千年沉淀下来的精华，学习中国传统文化，不但可以增加学生对历史的了解、对文化的了解，扩大学生的知识面，还可以培养学生的民族自豪感，增强民族凝聚力。万物的发展都有相通之处，数千年的文化史，也是中国人数千年的思想和行为演变史，以史鉴今，可以提高学生的思想深度和广度。对于小学生世界观、价值观的形成具有重要指导作用，而且能够提升学生素质，促进其全面发展，对学生的未来产生深远影响。因此，学校与家长要充分认识到传统文化对学生发展的重要现实意义，提高重视，制定合理的传统文化教育管理措施，切实加强传统文化教育。

（二）结合学生实际深化传统文化教育

小学生处于身心快速发展的阶段，是个人意识逐渐形成与发展的重要阶段，思想活跃但不成熟，学生个性的特点非常鲜明。因此，传统文化教育，要有针对性地进行，从小学生的成长、发育、学习、发展实际出发，合理选择传统文化教学内容，结合现代文

明，保证学生在深刻领悟传统文化意义的同时，又学好现代文化知识。二者有机结合起来，才能够实现素质教育的目标，促进学生全面发展。

第六节　小学立德树人教育管理

师者，所以传道授业解惑者也。教师只是社会中众多职业的一种，相对其他职业而言，教师这一职业具有特殊性，有强大的影响力，能够在小学生习惯、品德的养成上产生有很大的影响，这样的职业背景要求教师注重自身师德修养，通过自身行为，潜移默化地教育引导学生。小学是学生的启蒙阶段，这一阶段的教育能够对学生的人生产生直接的影响，因此教师应该以立德树人为根本，优化小学教育管理。本节从教学理念、校园环境、教师队伍以及校园文化等方面展开分析，研究了以立德树人为根本，优化小学教育管理的策略。

百年大计，教育为本；教育大计，教师为本，在社会中，教师扮演着思想引导者的角色，学生是祖国未来的接班人，教师的职责任重而道远。2014 年第 30 个教师节前夕，习近平总书记考察北京师范大学时发表重要讲话，勉励广大师生做有理想信念、有道德情操、有扎实学识、有仁爱之心的"四有"好教师。立德树人，争做"四有"教师，要求教师在自己的职业生涯中爱岗敬业，乐于奉献、严谨笃学，尊重学生，甘为人梯、厚德明礼，淡泊名利，只有这样具有高尚道德情操的教师，才能够给学生树立榜样。

一、立德树人，创新教育教学理念

学校要想更好地优化教育管理制度，就要对其教育理念进行不断的优化、创新。教育理念包括教育宗旨、教育原则、教育目标等多个内容，教育理念就是学校发展的指向标。当今社会，教育改革不断深化，校园应该紧跟时代步伐，创新教育教学理念。创新教学理念要求教师能够采用新型的教育教学方法、理念从事教育，要求学校管理也应该采用新的教育教学管理方式。比如在教学过程中，教师使用多媒体、微课等新技术去培养新时代的小学生；管理方面可以完善教师评价体系，科学化管理校园，积极开展德育活动等，在制定校园发展目标时，应该与实际相结合，明确教育目标，这样才能够做好教育管理工作。

二、立德树人，构建良好的校园环境

教师的教学质量、学生的学习效率和校园学习环境有直接关系，良好的校园环境能够帮助教师更好地完成教学任务，进而有效地提高教学质量，学生在良好的学习环境中也会有更高的学习积极性与学习效率。可以在校园内悬挂名人名言条幅，比如"勤能补拙是良训，一分辛苦一分才"等，通过这些名言警句，使校园内形成良好的学习气氛，小学生进入校园，就能够感受到浓厚的学习氛围，有助于其快速进入学习状态，提高学习效率。班级的环境能够对小学生产生很大影响，因此除了校园环境建设之外，还需要对小学班级文化进行建设，可以从班级的布置入手，营造一个充满活力的班级环境。每个班级都要有工具摆放、垃圾存放、图书存放等角落，教师可以引导学生在班级设置卫生角、读书角等，通过充满活力的设置，将班级环境变得整齐，针对低年级学生的年龄特点，可以使用卡通布景将卫生角围起来，这样既卫生又符合小学生心理。除了对于班级物品摆放的安排之外，还可以在班级布置黑板报、背景墙等，比如在班级墙面上，设置主题作文墙，在春天时，可以以寻找春天的足迹为主题，将学生的作品贴到墙上，引导学生发现春天的足迹。在雷锋纪念日时，可以更换为助人为乐的主题内容，在国庆节，可以将"我的祖国放光芒"作为主题内容。

三、立德树人，建设敬业的教师队伍

教师教学水平的高低是决定学校整体教学质量优劣的关键，要想做好小学教育管理工作，还需要提高教师队伍水平。教师是一个职业，教师这个职业从狭义的角度来讲是指经过高级教育培养，具备教学能力的人才，为学生传授知识，将学生培养成社会需要的人才。从广义角度讲，教师属于社会中一种不可或缺的职业，承担着育人工作。小学阶段的学生年纪比较小，具有较强的模仿能力，教师的言行能够对学生产生深远的影响，因此教师应该具有良好的师德。这样，在教育的过程中，才能够做学生的榜样，使学生从小养成良好的品质。师德要求教师尊重学生，要以平等的身份对待每一个学生。十个手指有长有短，不同的学生具有不同的特点，由于学生的成长环境、生活背景都各不相同，所以其学习能力、理解能力等也有所不同，在小学课堂上，教师应该做到尊重每一个学生，主动与学生沟通，因材施教，使学生在有限的课堂时间中能够有所收获。新课标改革后，教师应该积极研究课本要求与内容，研究新的教学方法，使教学手段更加适合新时代的学生。优秀的教师能够主动与学生构建良好的师生关系，能够使小学生更加相信教师，能够将自己的想法向教师表达。只有在平等的基础上，师生间才能够更好地进行学习交流，才能助于学生的健康成长。

四、立德树人，营造浓厚的校园文化

校园文化是看不见、摸不着的，但是却能潜移默化地影响学生，有着"润物细无声"的作用。校园文化建设是提高学校教育水平和优化学校管理的重要环节，反映着一所学校的教育理念和办学特色。因此在小学教育教学管理中，应该营造良好的校园文化。营造校园文化可以从开展校园活动入手，比如开展以"书香伴我成长，书香溢满校园"为主题的系列活动，从三个方面打造学校的书香文化，一是学校在教室、寝室、走廊等位置张贴宣传画、警示标语等，让每一个角落、每一处墙壁都散发着浓浓的书香气息；二是加强图书室、阅览室的建设，学校应设有专门的藏书室、阅览室；三是丰富班级图书角建设，学校在每个班级都应设置独立的图书角，设"读书山""读书心得""好书推荐"等专栏。培养小学生爱读书、读好书的习惯，促进学校书香文化环境的建设。

清明节还可以组织小学生集体去烈士陵园扫墓，开展"铭记历史，缅怀先烈"主题班会，利用主题班会对学生进行思想教育；如组织"乐于助人主题演讲比赛"等，通过活动树立良好校园风气，使学生受到校园文化的熏陶，从小培养良好的品德。

五、立德树人，健全和完善评价体系

评价体系可以分为两种，一种是针对学生的评价体系，另一种是针对教师的评价体系。首先，完善的教学评价体系能够对学生做出正确的评价，有助于科学地了解学生，使教学更加科学化。很多小学的评价体系主要是通过期中考试、期末考试对学生进行评价，以成绩为评价主体，这种评价方式不全面。新课标改革后，要求小学生德智体美劳全面发展，因此，在教学过程中，可以从德育、智育、美育等多个方面对学生进行评价。其次是完善教师的评价体系，针对教师的评价也应该是全面的，不能仅以教学水平、教学质量对教师进行评价，应该将师德等内容加入教师评价中，使教师能够重视师德建设。

陶行知先生有句箴言："千教万教教人求真，千学万学学做真人。"在小学教育工作过程中，教师要秉持弘扬高尚师德、潜心立德树人的教育理念，始终坚持教育初心。

第七节　小学马斯洛需求教育管理

一、马斯洛需求理论

马斯洛是美国最有影响力的一位人本主义心理学家，其需求层次理论几乎可以运用到个人和社会的各个领域。他的需求层次理论是行为科学的理论之一，由马斯洛 1943 年在《人类激励理论》一书中提出。书中将人类需求像阶梯一样从低到高按层次分为五种，分别是：生理需求、安全需求、社交需求、尊重需求和自我实现需求。他认为，人们千差万别的需要都可以归纳为这五种基本需要，这些需要按出现的先后顺序或力量的强弱而成等级排列，低层次需要满足后就会产生高层次的需要。人就是这样由不同层次的需要所支配着，从事着外界的或心理的各种活动。

人都潜藏着这五种不同层次的需要，在不同的时期表现出来的各种需要的迫切程度是不同的。人的最迫切的需要才是激励人行动的主要原因和动力。人的需要从外部得来的满足逐渐向内在得到的满足转化。低层次的需要基本得到满足以后，它的激励作用就会降低，其优势地位也将不再保持下去，高层次的需要会取代它成为推动行为的主要原因。有的需要一经满足，便再不能成为激发人们行为的起因，被其他需要取代。

高层次的需要比低层次的需要具有更大的价值。热情是由高层次的需要激发。人的最高需要即自我实现，也就是以最有效和最完整的方式表现自己的潜力，唯此才能得到高峰体验。

二、把握教师的真实需求，提高教师的责任感和创造力

（一）针对教师生理需求欲望，在日常管理中正确引导、科学调整

在马斯洛的需求理论中，他所提出的生理需求即人的衣食住行。然而，在学校日常管理中，管理者不能仅局限于此。通常所说，人的需求有两种，即生理需求以及由生理需求而产生的社会需求，当生理得到满足后，就会自然地提升人的社会需求，根据教师的学习、教学情况，作为学校的管理者可以采取激励的办法来满足教师的社会需求，如口头表扬、年度表彰等各种奖励办法，这样往往会起到事半功倍的作用。

（二）针对教师的安全需求欲望，在日常管理中让教师找到安全感

马斯洛认为："人们都喜欢一个安全的、有序的、可以预测的有组织的世界，在那里

有所依靠，不会发生意外的、难以控制的或危险的事情。"教师也不例外，学校管理者应该为教师提供一种安全感，提供安全、稳定的工作环境，让所有教师能够安心教学工作。

（三）对教师归属与爱的需求欲望，在日常管理中应给予教师更多的关心和爱护

教师虽然都是独立个体，但是也是社会中的人，也渴望得到别人的关心和认可，也渴望同事之间的友谊、领导的理解等。这就要求学校管理者深入基层，及时了解每位教师的思想以及生活动态，及时做出反馈，让每位教师都有被关爱的体验。

马斯洛认为，在人自我实现的创造性过程中，产生出一种称为"高峰体验"的情感，这个时候是每个人最激荡人心的时刻，是个人的存在的最高、最完美、最和谐的状态，这时的人具有一种欣喜若狂、如醉如痴、销魂的感觉。

实验证明，人呆在漂亮的房间里面会显得比在简陋的房间里更富有生气、更活泼、更健康；一个善良、真诚、美好的人会比其他人更能体会到存在于外界中的真善美。当人们在外界发现了最高价值时，就可能在自己的内心中也产生或加强这种价值。总之，较好的人处于较好的环境中更容易产生高峰体验。

（四）针对教师被尊重的需求欲望，在日常管理中要加强教师对自身工作的认同感，增强教师的社会生存和发展能力

在一定的组织环境中，人的自尊需求的满足会使人更加自信，觉得自己在这个社会上有价值、有实力、有能力、有用处。这样的需求包括"自尊、自重和为他人所敬重。如希望自己能够胜任所担负的工作并能有所成就和建树，希望得到他人和社会的高度评价，获得一定的名誉和成绩"。在学校这样一个大环境中，教师对于尊重的需求是不容忽视的。教师作为一个特殊的群体，对于尊重有着特殊标准，这当中包含了他们的自尊心、自信心等各个方面。因为教师是直接面对学生的，教师的状态直接影响着学生的成长，所以要想让学生在一个自尊、自信的环境中学习、成长，就必须为教师营造一个健康向上的氛围与环境，使教师在良好的环境中实现自己的价值，展示自己的实力和能力，从而得到自尊、自信。

（五）针对教师自我实现的需求欲望，注重创新教育的开展，努力帮助教师实现人生价值

这一层次的构建要求基于以上四种需求都被满足的情况下，"追求自我实现的人，他们的全部基本需要（包括归属、情感、受尊重和自尊）都已得到满足。"学校管理者需要针对不同教师的不同需求，适当放手让教师去努力创新，为他们实现自己的目标或者

愿望提供必要的平台和支持，满足其自我实现的欲望。这些对于教师的激励作用甚至远远大于物质奖励。

领导者要重视调动骨干分子的积极性，发挥他们在工作中的主观能动性，使他们在实现管理目标的过程中成为不同层次的带头人，发挥"能人"效应。每一个学校都有"骨干分子"，这些"能人"或"骨干分子"的普遍特点是：有能力、有特长、有个性。能否充分调动"骨干分子"的工作积极性是搞好学校工作的关键。一些学校的"骨干分子"能充分发挥主导作用，相反，有些学校的"骨干分子"不仅没能发挥主导作用，反而还成为领导的"头疼人物"，这就是领导者使用不同激励机制的结果。对一个具有强烈自我表现欲望的人来说，如果对他所取得的成绩予以奖励，给他奖金和实物远不如为他创造一次能充分表现自己才能的机会更有效果，因为后者能使他得到更大的鼓励。需要层次理论认为，人的最高水平的需要，是人的所有才能都能得到运用，一切潜能都能得以实现。马斯洛认为，自我实现者具有这样一些特点：良好的现实知觉，以自身以外的问题为中心，有独自和自立的需要，功能发挥自主，有社会兴趣，有创造性，抗拒遵从等。

马斯洛的需要层次论第一次揭示了人类行为动机的实质，使人们看到了人类需要的多样性和层次性，并因易于理解而得到了广泛传播。自我实现的本质特征是人的潜能和创造力的发挥。随着社会的发展，单纯的物质已不能满足教师高层次的需要，这就要求工作本身能给人们提供精神慰藉，使教师在工作中找到意义，实现人生价值。

第七章　小学教学管理改革和体制研究

第一节　小学教学管理体制

随着教育水平的不断提高，我国加大了对教育的关注和重视程度，与此同时，我国教育机制的不断改革，对小学教学管理体制和运行机制带来了不小的冲击，为此，可以首先从教学观念落后、评价机制不科学、教师专业素养不高三个方面入手，分析小学教学管理体制存在的问题；其次，从创新教学管理体制、创新教学管理运行机制、鼓励创新、开展民主政治四个方面入手，研究了小学教学管理体制及运行机制的创新策略。

通常情况下，完善小学教学管理体制和运行机制对提高小学教学水平具有非常重要的意义。一方面，有利于确保小学教学活动的顺利开展，另一方面，有利于更好地提高小学的管理水平，对有效地促进小学教育事业的全面发展具有重要的作用。基于以上情况，小学教育工作者要重视对教学管理体制和运行机制的优化和完善。通过不断创新小学教学的管理思想，为新时代教育事业的发展发挥积极的促进作用，也有利于保证小学教育事业朝着积极、稳定、健康、可持续的方向发展。

一、小学教学管理体制存在的问题

（一）教学观念落后

目前，我国的小学教学观念比较落后，仍然采用传统的教育模式，实施填鸭式和满堂灌的教学方式，由于过度重视考试成绩，导致教师一味关注学生的学习成绩，没有有效发挥出学生在教学过程中的主体作用，极大地降低了小学生学习的积极性、主动性和自发性，严重影响了小学课堂效率。除此之外，大量的教学管理人员仍然采用传统的管理模式，没有充分领会新课改的精神，导致新课改的实行过于形式化和表面化，没有真正涉及实质性内容，极大地降低了新课改的落实效果。特别是部分教学管理者由于思想观念落后，没有对传统的管理方式进行改革和创新，给新型教学模式的实施造成了不良影响，导致这一切的根本原因就是目前的教学观念过于落后，严重阻碍了小学教育教学的稳定发展。

（二）评价机制不科学

考核评价机制制定得是否合理和科学，直接影响着小学教学管理水平的高低。但是，由于目前小学评价机制的不完善和不科学，严重影响了教学管理体制的正常、稳定、可靠运行。除此之外，目前大部分小学教育工作者仍然采用传统的教学模式，在对学生进行评价的过程中，主要以学生的学习成绩为评价标准；在对教师的教学水平进行评价的过程中，也只是把评价标准建立在学生的学习成绩之上，考核机制的片面性显露无遗，这明显不利于学生综合素质、综合能力的培养。

（三）教师专业素养不高

随着新课改的不断实施和推广，我国对小学教学管理工作提出了更高的要求，小学教育工作者需要对教学管理体制进行不断的改革和创新，以更好地满足新课改的标准和要求。这样一来，无疑对教师的教学能力提出了更为严格的要求。需要教师不断创新教学模式，有效地实现新课改的教学目标。但是，目前有相当多的小学教师，缺乏创新意识和创新能力，教学方式过于落后，极大地降低了小学教学管理体制的运行效果。

二、小学教学管理体制及运行机制的创新策略

（一）创新教学管理体制

目前，在评价小学教学效果时，由于把小学生的学习成绩看作是衡量教学效果的唯一要素，造成考核小学生的方式过于片面，严重忽略了对小学生自主学习能力和综合能力的培养。为了从根本上解决小学教学管理工作面临的问题，促进小学教学管理工作的有效开展，小学教育工作者要加大对管理体制的创新力度。首先，小学教育工作者要树立全新的管理观念，通过有效培养科学管理能力，极大地提高小学教学的管理效果。其次，小学教育工作者在开展学校各种管理工作的过程中，要深刻认识小学教学的重要作用和意义，通过全面培养和提高教师的创新能力，加强对小学生综合素质和综合能力的培养力度，从而极大地提高小学素质教育效率和效果。与此同时，小学教育工作者要对教学管理工作所涉及的内容进行不断修正、优化和完善，以保证小学教学管理工作内容的全面性。除此之外，还要加大对传统教学管理模式的改革，最大限度地培养学生的综合能力，更好地消除应试教育的弊端，使小学生的综合素质得到更充分的锻炼。最后，小学教育工作者要针对教育教学的实际发展需求，有目的、有意识地开展小学教学创新工作。小学教育工作者还要重视对考核评价机制的优化和完善，通过有效培养小学生的

综合素质，充分发挥评价机制的应用优势，培养小学生积极向上的精神。

（二）创新教学管理运行机制

随着新课标的实施，小学管理体制也得到了相应的创新。为了充分发挥新型小学管理体制的应用优势，教师需要具备较高的综合素质，通过不断提高自身的教学能力，有效地保证小学教学质量和效率。教学管理体制运行效果的提升对提高小学教学管理质量和效率起着非常重要的作用。所以，为了确保教学管理运行机制能更好地服务于教育教学工作，小学教育工作者要加大对教学管理运行机制的创新力度。首先，小学教育工作者要制定比较系统、全面的决策机制，为保证小学教学管理体制能正常、稳定、可靠的运行提供科学化依据。小学教育工作者还要重视对考评机制的优化和完善。为了确保教学质量衡量结果的准确性，不仅要全面考查教师的教学成效，还要全面地考查教师的板书书写能力和教案的制作能力，更要考查小学生的综合素质。只有严格从以上几个指标对小学教学质量进行考评，才能确保小学教学管理水平的全面提升，从而更好地为小学教育教学工作保驾护航。其次，在对小学教学管理运行机制进行创新的过程中，小学教育工作者要重视竞争机制的建立，通过鼓励学生参与各种学习活动，让学生在竞争中提高自身的综合素养和综合能力，还要鼓励教师不断创新教学模式，为小学生营造良好的学习氛围，最大限度地保证教学管理运行机制能取得良好的运行效果。

（三）鼓励创新

创新是各个行业实现快速发展的核心动力，对保证小学教育行业的稳定发展起着至关重要的作用。为了提升小学教学管理水平，小学教育工作者要根据学校的实际发展需求，对小学的各种教学活动进行创新。首先，小学教育工作者在实际的教学管理过程中，要重视对文化的传承，让小学生学习更多的文化知识，这样，一方面，可以更好地培养小学生的文化素养，另一方面，有利于不断提升小学生辨别是非的能力，使他们能够更快地适应社会。其次，由于小学生具有敏捷的思维能力和丰富的想象能力，因此，小学教育工作者应通过鼓励创新的方式，充分发挥激励的作用，确保每一个小学生都能够明确人生的目标和方向。由此可见，鼓励创新可以为提高小学教学管理体制运行效果起到很好的辅助作用，不仅有利于创造良好的校园氛围，还有利于帮助小学生提升自主学习能力，促进他们身心全面健康发展。由于小学教学管理体制创新和应用的目标是给国家培养一大批高能力、高水平、高素质的创新型人才，因此，为了实现这一目标，小学教育工作者要重视对小学生的科学引导，让他们具备一定的创新意识和创新能力，从而激发他们学习的积极性和主动性，最大限度地提升他们的综合素质和综合能力。

（四）开展民主政治

为了确保小学教学管理体制和运行机制的高效、稳定，小学教育工作者要充分利用民主政治精神，通过开展民主政治工作，激发小学生的活力和热情。小学教育工作者还要保证小学教学管理和运行机制符合民主法制的规范和要求，只有这样，才能不断提升小学教育教学服务效果。总而言之，要想实现小学教学管理体制的改革和创新，小学教育工作者要充分重视民主政治工作的开展，真正实现以教师和学生为中心的小学教学管理目标，更好地加强和提高小学教育的针对性和有效性。

综上所述，随着我国素质教育水平的不断提高，为了顺应时代发展的需求，小学在开展教学管理工作的过程中，逐渐加大了对管理体制和运行机制的进一步改革与创新。为此，小学教育工作者要全面把握创新管理体制和运行机制之间的关系，只有明确两者之间的关系，才能最大限度地提高小学教学管理的管理水平，实现小学教学管理活动的全面创新。小学教育工作者要树立新型的教育观念，加大在教学方法和师资力量培养等方面的创新力度，充分发挥各项管理制度的应有优势，确保小学教学管理模式改革有新意、见实效。

第二节　小学校长负责管理体制

随着教育的不断发展，教育内部的管理制度也在不断发生着变化，在整个小学发展的过程中，校长负责管理体制一直都是小学管理的主要形式，经过历史的检验，在小学校长负责管理体制的管理下，不仅小学校长的个人素质能得到提高，整个小学的教学效率和质量也能不断提高。

一、小学校长责任管理体制概述

小学是学生学习生涯的基础阶段，在学生整个学习生涯中具有十分重要的地位，小学学校的管理质量直接影响到学生学习的质量和效率。在新时期，小学的管理以小学校长管理体制为核心。小学校长是整个学校的第一负责人，对于整个学校的重大决策拥有决策权，对整个小学的发展有着十分重要的作用。从历史发展来看，小学校长负责管理体制的应用使整个小学的发展朝着健康的方向发展，但是在新时期也暴露出一些问题。在新时期继续坚持小学校长管理体制，不断完善发展小学校长体制对于小学发展、教育进步有着十分深远的影响。

二、新时期小学校长负责管理体制发展现状

从历史发展的角度来看，小学校长负责管理体制发挥了有效的作用。即使在新的时期，小学校长管理体制仍然有着不可替代的作用，但在发展过程中也的确出现了一些问题。

（一）小学校长负责管理体制发展态势良好

在新时期，小学校长负责管理体制仍然是小学管理的重要机制，其发挥的作用不容忽视。从整体上看，小学校长负责管理体制发展前途十分光明。

1. 小学校长个人综合素质不断提高

小学校长负责管理体制是小学进行管理的主要管理机制。小学内部的各项事务均需要校长来进行决策，校长的个人素质关乎整个小学的发展。在新的时期，小学校长的相关管理知识得到全面加强。随着小学校长个人的综合素质的提高，小学校长负责管理机制发挥的作用也得到进一步扩大。在小学校长负责管理机制不断发展的过程中，反过来对小学校长的个人发展提出了更高的要求，又在一定程度上促进了小学校长综合素质的不断提升。二者在新的时期相辅相成，相互促进。由此观之，小学校长负责管理体制发展前景良好。

2. 小学教学质量不断提高

在新时期小学校长负责管理体制实行的过程中，受新课程改革影响，各项决策效率都比较高。对于新的教学理念和新的教学方法，校长大力支持，教师积极使用。新的教学方法和教学理念在小学教学过程中的使用，使得小学教学质量得到明显提高，整个小学的教学面貌焕然一新。学生在校长负责管理体制的作用下学习的积极性和主动性也得到充分调动，学习的效率和质量得到明显提高。

（二）小学校长负责管理体制存在的问题

目前，在小学校长负责管理体制运作的过程中，仍然存在着一些问题。

1. 缺乏民主性

校长负责管理体制的特点之一是决策的效率比较高，但弊端也十分明显，决策缺乏民主性。不少校长在决策的过程中采用独裁式的管理方法，对学校的各方面决策影响极大，不少小学校长对于教师的教学方法也干涉过多，导致教师的自主性得不到充分发挥。从长远来看，这样的弊端会影响小学的可持续发展。

2. 评价体系单一

学校目前的评价体系，主要包括两个方面内容；一方面是对学生的评价。主要是依

据成绩的高低来对学生进行评价；另一方面是对教师的评价。主要是依据教师的业绩进行评价，换句话说就是升学率论英雄。这样单一的评价体系不能真实反映学校实际的发展情况，对于学生的发展以及教师的发展都有着不利的影响，从长远角度来看，不利于学校的长远发展。

3.学校发展策略有问题

新的时期，在素质教育全面推进的背景下，可以发现许多小学在教学过程中仍然按照传统的教学理念进行教学活动。学生的学习以成绩为目标，忽视了个人综合素质的培养，教育的目的难以有效实现。校长负责管理体制对此有着不可推卸的责任。

三、完善小学校长负责管理体制的具体措施

（一）不断提高校长综合素质

在新时期教育发展的过程中，相关部门要对小学校长进行专业知识技能的培训，使校长个人的综合素质得到全面提高，使其在决策的过程中充分考虑到民主和科学，兼顾效率，不断提高自身决策的质量，为小学的发展提供有力的保障。

（二）不断完善相关规章制度

无规矩不成方圆。在小学校长负责管理体制作用下，要在实践的过程中不断完善相关规章制度，从制度角度出发规范行为。不断创新小学评价模式，尊重教师的教学自主权，遵循素质教育发展理念，提高学生的综合素质，不断完善小学校长管理体制，不断促进小学的高效发展，使教育实现新的变革。

小学校长负责管理体制是小学进行管理工作的重要依据，在整个小学发展的过程中小学校长负责管理体制发挥了巨大的作用。在新时期课程改革全面深入的背景下，要积极寻找其中的不足，结合教育发展带来的新内容，不断完善小学校长负责管理体制，使其作用得到高效发挥，努力促进小学在新时期的新发展。

第三节 小学德育管理中的个性化教育

小学阶段，学生的心智尚未发展成熟，正是实施德育的最佳阶段。随着新一轮基础教育课程改革的不断深入，小学德育教育越来越受到重视。但是，由于受目前教育体制的约束，小学的德育管理工作中还存在着一些问题。小学的领导层应该加强对德育中个性化教育的关注，并将其贯穿于小学教育教学的工作之中。

在小学阶段的教育教学中，德育管理工作是必不可少的一部分，也是小学教育教学的一项重点内容，对小学生未来的学习和成长都具有十分重要的意义。随着我国教育事业的不断发展，以往的小学德育管理方式已经不适应现代教育的要求。因此，教师需要对小学德育管理模式进行改革，加强小学德育管理的个性化教育，为小学生未来的学习和发展打下良好的基础。

一、小学德育管理的现状

（一）德育管理观念较为落后

大部分小学生来自独生子女家庭，家长都十分宠爱自己的孩子，尽量满足孩子的一切物质需求，但在一定程度上会疏于德育管理，这就给小学德育管理工作的实施带来了很大的困难。部分小学深受应试教育观念的影响，过于重视学生学习成绩的提高，忽视了对小学生的德育，导致德育管理观念较为落后。现阶段，小学依然将升学率作为考核的重要指标，部分小学的教育教学资源是以提高小学生的学习成绩为目的进行配置的，不愿意过多地投入人力和物力在德育管理上，严重阻碍了德育管理工作的开展。

（二）领导层缺乏对自身德育管理的重视

小学的领导层应该严于律己，率先垂范。然而，在实际生活中，部分小学的领导者未能全面地认识到自身德育管理的重要性以及对教师和小学生的影响，未能充分发挥自身的榜样作用，影响了小学德育管理工作的开展。

（三）缺乏实质性的德育管理内容

现阶段，随着新一轮基础教育课程的改革的不断推进，德育管理中的个性化教育工作越来越受到重视。但是，依然有部分小学在采用以往的方式开展德育管理工作，甚至还有部分小学忽略了德育管理工作。一些小学在实施德育管理工作时，通常是召开师生大会，在大会上宣传学生守则，并要求小学生熟练地背诵。在大会上告知小学生要热爱祖国、热爱家乡，但缺乏实质性的内容作为理论支撑，很难使小学生对德育管理内容感兴趣。

二、小学德育管理中个性化教育的开展策略

（一）树立正确的德育管理理念

小学生是德育工作的主要管理对象，也是德育管理的核心要素。以往的小学德育管理忽视了个性化的教育，阻碍了小学生创造力和个性的发展。因此，小学领导层应该积

极转变以往的德育教育理念，树立正确的管理理念，创新德育管理的模式，对小学生的个性化教育加以重视，坚持以人为本的基本原则，促进小学生的个性化发展，全面关注小学生的思想动态、个性化需求以及实际的发展情况等。总之，作为小学的德育管理的重要实施者，应该在实施个性化教育的同时，充分明确自身价值取向，在注重人本管理理念的基础上不断创新德育管理中的个性化教育。

（二）领导层应注重培养自身的良好人格

小学领导层在实施德育管理的个性化教育的过程中应该以身作则，注重培养自身的良好人格，只有这样才能够赢得广大教师以及小学生的尊重和信服，才能确保德育管理中个性化教育的顺利实施。因此，小学的领导层应该严格按照学校管理者的行为标准来约束自身的行为，对于一些不良行为应该坚决杜绝，以此在广大教师以及小学生心中树立一个健康、高尚的管理者形象。在日常的学校管理工作中，领导层不可以将"做大事者不拘小节"作为违反行为标准的理由，而是应该在日常的校园管理工作中充分营造良好的校园风气，以自身的行为去感染身边的教师及小学生，进而更好地实施德育管理的个性化教育，促进小学生的个性化发展。

（三）营造民主、和谐的校园氛围

社会的不断进步与发展和我国教育改革的不断深入，对小学德育管理中的个性化教育提出了更高的要求，也对小学的领导者提出了新的要求。在这样的形势下，小学的领导者应该积极地营造民主、和谐的院校环境，摒弃一切不负责任的德育管理方法。这一阶段的小学生心智还尚未发展成熟，如果一味地进行"棍棒"教育，不仅不利于德育管理的个性化实施，也不利于小学生身心的健康成长，甚至可能给小学生的幼小心灵造成创伤。因此，作为学校的领导者，应该积极营造民主、和谐的校园氛围，使小学生和教师都能够轻松、愉悦地学习与工作，自觉养成自我约束的好习惯，朝着个性化的方向发展。小学的领导者应该积极主动地将德育管理的个性化教育交给教师，充分激发教师的内在潜能，从而更好地实施德育管理的个性化教育。小学的领导者还应将德育管理工作与小学生的家庭生活相联系，将个性化教育延伸到家庭教育，从而全方位地实施德育管理的个性化教育。

（四）尊重教师，充分发挥教师的才能

在小学德育管理的个性化教育中，教师作为重要的参与者身负重任。小学的领导者应该做到尊重每一位教师，使每位教师都能够在工作中充分发挥自己的价值，从而产生工作热情，进而更好地实施德育管理的个性化教育，提高教育效果。学校领导应做到以下三点：

首先，尽量保障小学教师的基本物质生活。只有物质生活得到了保障，教师才会全身心地投入教育事业，更好地进行个性化教育。

其次，尽量满足教师的精神需求。作为教育工作者，教师的精神世界丰富多彩，学校领导者应该对每位小学教师的兴趣爱好和精神生活需求等进行全面了解，帮助教师之间建立起和谐的关系，促使教师保持饱满的精神来实施个性化教育及其他教学活动。

最后，充分挖掘小学教师的内在潜能。每一名教师都具有极大的潜能和突出的个人才能，领导者应该充分挖掘教师的潜能，并使其充分发挥，从而更好地完善德育管理中的个性化教育工作，促进小学生的个性化发展。

现阶段，小学德育管理中的个性化教育越来越受到关注和重视。但是，在实际的管理和实施过程中依然存在一些问题。作为小学的领导者，应该积极地树立正确的德育管理教育理念，严于律己，为广大教师及小学生营造民主、和谐的校园氛围，充分挖掘教师的内在潜能，促使教师的全部才能得以充分发挥，从而更好地实施德育管理中的个性化教育。

第四节　小学班主任班级管理

小学阶段是培养学生养成良好习惯的关键时期。因此，小学班主任要做好班级管理工作，在管理过程中对于不同性格的学生，运用不同的管理方式，端正教育态度，以柔和的语气教导学生改正错误，以免言辞不当伤害学生幼小的心灵。此外，班主任还应注重实施民主的管理体制、多与学生交流，及时发现学生不自信、消极等不良情绪，耐心引导，促使学生积极向上，充满正能量，有效提升管理效率。

小学生性格差异较大、活泼好动，课堂上注意力不集中，容易扰乱课堂秩序，影响自身的发展。班主任在实际工作中，对于违反班级管理规定的学生，要运用恰当的管理方法提醒学生认真听课，且不可影响其他学生学习，班主任还应认识到在管理过程中绝对不能体罚学生，更不能打骂学生，应先讲明道理，而后引导学生自我反省，使学生意识到不规范不文明的行为举止会给别人留下不好的印象，学生在教师的指导下会逐渐学会懂文明、讲礼貌，做好班级管理工作具有重要意义。

一、小学班主任班级管理遇到的困境

由于班级事务较多，班主任在班级管理过程中不可能时刻关注学生的一举一动，但应尽最大可能及时发现学生不文明不规范的行为，避免学生因行为上存在着的问题无法得到及时解决而影响学生发展的现象出现。此外，学生个性鲜明，班主任在教育学生时如果不注重结合学生的性格特点进行管理，最难以提升管理效果的，倘若学生不主动承认错误，不积极改正，必然会给班级管理工作带来阻碍，无法取得管理成效。再就是班主任在管理班级的过程中与学生缺少沟通，不了解学生思想状态，很难发现学生存在的心理问题，无法及时帮助学生走出不良学习情绪的困扰，影响了学生的健康成长。

二、小学班主任班级管理策略探析

（一）有针对性地运用管理方法

小学班主任管理班级过程中应积极更新管理理念，坚持以人为本，在进行管理工作时，要充分考虑到不同学生的不同性格，对于比较内向的学生，应多关心多关注，使学生感受到班主任对自己的关怀，从而主动说出自己的想法和遇到的问题，教师及时帮助学生答疑解惑，及时转变学生不正确的思想观念，引导学生树立正确的三观。针对活泼好动、比较调皮的学生，班主任一定要注意管理方式，当发现学生上课时交头接耳，随意打断他人发言时，应以温和的语气提醒学生，或者利用课余时间，指出学生犯的错误，耐心讲明道理。只有教育方法恰当，才能获取理想的管理效果。因此，有针对性地使用管理方法非常重要。

（二）落实民主的班级管理制度

小学班主任开展班级管理工作时，为了减轻工作负担、提升管理效果，要注重落实民主的班级管理制度，引导学生轮流担任班干部，使每名学生都能有机会锻炼自己。学生作为班干部有利于自觉管理自我，不仅增强约束力和自控力，还起到表率的作用，使其他同学主动向班干部学习，遵守班级纪律，形成良好的班风，促进教学工作顺利进行。班干部还可以辅助班主任做好班级管理工作。所以，班主任在管理班级时，应该实施民主管理制度，使全体学生都有机会成为班干部，自觉管理自己的行为举止，成为其他同学学习的榜样，调动全体学生自我管控，课堂上认真听课，举手发言，自觉遵守班级规定，为班主任减轻负担，有效提高班级管理工作的有效性，促使学生朝着正确的方向发展。

（三）管理中引导学生反省

班主任在进行班级管理的工作中，当发现学生打架时，应立即制止，并运用恰当的教导方式，以免学生产生逆反心理，不主动承认错误，明确这一点后，班主任在管理时应告诉学生，同学之间要团结友爱、互相帮助，增进友谊和感情，经常打打闹闹，很容易打架，讲明道理后，引导学生反省，要求学生说出自身的错误，促使学生在班主任耐心的教导下，主动反思、反省，认识自身的缺点以及犯的错误，从而承诺不再打架。班主任对于学生的表现，要多运用鼓励性语言，进行激励，这样不仅可以促进学生改掉坏习惯并改正错误，还能推动学生完善自我。因此，进行班级管理工作时，班主任不能急于指责和批评学生，要有足够的耐心，使学生主动反省和思考，使其认识到自身的错误，主动承认错误，这样才能获取较好的管理效果。管理工作要以学生为本，时刻注重引导学生自省，促使学生接受教育并改进不足之处，推动学生更好地发展。

（四）多与学生沟通

小学阶段的学生一旦养成不好的习惯，就会导致学生不注重自身的行为举止，在日常的学习生活中不文明、不懂礼貌，影响到学生健康的成长。因此，为了帮助学生提高道德素养，班主任在进行班级管理工作时，要多与学生沟通，在交流中，学生感受到班主任和蔼可亲、平易近人，就会主动说出自己的问题。像成绩不好、对学习没有自信心的学生，班主任应告诉他平时学习中应向成绩好的学生学习，取长补短，不断完善自我，这样学习成绩就会有所提高，使学生明确如何更好地学习，进而主动投入到学习中，不仅能提高学生的积极性，还能使学生进入最佳的状态，消除厌烦感、自卑心理、抵触情绪，更好地学习。可见，在进行班级管理过程中班主任要与学生多沟通多交流，这样才能了解学生想法，才能落实相应的管理策略，才能做好班级管理工作。

综上所述，小学班主任作为班级的领导者，要想取得较好的管理效果，应先更新管理理念，实施民主管理制度，引导学生轮担任班干部管理班级，使全体学生自觉管理自我。对不同的学生要用不同的管理方式，重视引导学生自省，多与学生沟通，这样才能促使管理工作取得成效，有利于引导学生主动改正错误，成为品学兼优的学生。

第五节　小学教学管理信息化建设

在小学教学管理工作中，加强信息化建设是适应时代发展所进行的重要举措。本节从小学教学管理信息化建设的必要性入手，对当前小学教学管理信息化建设存在的不足进行了探讨，提出了加强信息化建设的几点对策。

从当前的小学教学管理实践来看，随着信息化时代的到来，加强信息化建设已成为大势所趋。所以我们必须意识到其必要性，对当前存在的不足和问题进行总结，采取有针对性的措施，切实加强对其的优化和完善。

一、小学教学管理信息化建设的必要性分析

时代的发展要求学校在教学管理方式方法上不断更新和优化加强信息化建设，能有效降低教学管理成本，提高教学管理的效率，促进教学工作的顺利开展。

促进优秀教学资源的共享。信息技术时代的主要特点就在于信息共享，因而只有加强教学管理信息化建设，才能让更多优秀的教学资源得到共享，不同的教师之间才能更好地相互学习。我国地域辽阔，不同地区之间的差距较大，尤其是西部地区的教学资源较为匮乏，资源获取渠道较为单一。加强信息化建设，则能有效地实现教学资源的共享，既有当地教学资源，又有网络教学资源，促进教学质量提升的同时缩小城乡差距，有效地促进区域教育资源的均衡发展。

促进教学管理水平的提升。传统的教学管理是人与人的管理，在管理过程中，更多的是靠经验管理，导致教学管理的效率较低。在信息化时代，加强信息化建设，能有效地为教学管理工作提供辅助，利用计算机、网络数据库、大数据技术等，能为学校的发展提供更多的支持，使教学在教学管理工作中更加轻松，而且教学管理效率也能提升。

促进教学现代化水平的提升。教育要面向现代化、面向世界、面向未来，这是提倡多年并一直实施的策略。在小学教学管理中，为了更好地提升教学现代化水平，应在教学管理工作中切实开展好信息化建设工作，这样就能在信息技术和现代教育技术的支持下，更好地降低教学强度，提高教学效率，多元化地获取信息，促进学生学习兴趣的多元化，提升教育教学成效。

二、小学教学管理信息化建设的不足

目前，随着新课改的不断深入和实践，素质教育的快速推进，现代教育技术在小学教学工作中广泛应用，越来越多的学校在教学管理中开始注重信息化建设工作。但是实际工作中还存在诸多问题和不足。

一是管理缺乏科学性，设备的利用率低下。教学管理的信息化建设的前提是实现教学的信息化，但是从当前来看，由于现代化教学设备更新换代不及时，加上更换周期较长，使得其自身的作用难以有效发挥，很多信息化教学设备闲置的现象较为突出。例如通过对某小学的实际情况进行调查之后发现，配备的计算机和校园网以及投影机等教学设备的利用率竟然不足 10%。究其根源，主要是小学教学管理缺乏科学性，导致资源闲置的情况较为突出，很多学校大力引进的设备被闲置，成为学校管理的负担，看似在信息化建设方面投入巨大，但没有发挥作用。

二是软件方面支持力度不足。虽然很多学校近年来为信息化建设购置了大量的硬件设备，但是由于软件方面的支持力度不够，导致在信息化管理方面较为落后，所采用的软件资源难以满足现代化教学管理的需要，最终影响信息化建设水平的提升。

三是教学管理人员在信息化建设方面的专业知识较为缺乏，导致信息化建设工作难以落到实处。小学教学管理的信息化建设的主要方向之一就是实现无纸化办公，并加强学科网站建设，以及教学教育管理平台的建设，从而更好地促进信息化建设成效的提升。但是从实践来看，一些教学管理人员，尤其是学校的部分领导，由于自身专业知识不足，在信息化建设方面的作用难以有效发挥，所制订的计划和目标难以有效实施，信息化建设方案难以得到高效落实。

四是缺乏足够的师资力量，尤其是信息技术人员较为缺乏。因为小学教学管理的信息化建设对信息技术人才的要求较高，而信息技术教师又是学校管理进行信息化建设的主要力量之一。由于专业人才的缺乏，以及现有人员专业技术水平的不足，导致信息化建设往往只是一个口号，很难取得实质性进展。

三、小学教学管理信息化建设的对策分析

开展小学教学管理信息化建设工作十分必要，但也存在诸多方面的问题和不足，需要紧密结合小学教学管理工作的需要，加大信息化建设力度。

一是充分意识到小学教学管理信息化建设的必要性。尤其是学校领导，应成立校长牵头的管理小组，成立信息化建设小组，下设主管、电教组长和信息技术教研组以及信息员等，对学校的信息化建设工作全面负责。并在此基础上，结合学校实际，制订信息化建设计划，明确工作目标和具体的落实措施。让信息化建设为教学管理工作提供强大的支持。

二是创新教学管理的思想，在教学管理中加强信息化手段的应用。传统的教学管理模式，已经难以满足现代教学管理的需要。所以作为学校的教学管理人员，应对自身的教学管理理念不断更新和优化，注重教学管理思想的创新，借助信息化的手段推动教学管理工作的开展。借助信息技术组建校园网，在教学管理中应用信息技术，加强各方的信息沟通和资源共享，及时掌握学校在教学管理中出现的问题，有针对性地加强处理和优化，借助计算机等，从传统的纸质办公转移到无纸化办公上来。在教学环节，除了加强现代教育设备引进外，还要配备相关的软件，加强对教师的专业培训，利用专业化的信息技术设备为教学工作的开展提供辅助，从而更好地从传统的被动式管理转化到主动管理上来。例如利用打卡系统，掌握教师的出勤状态；利用监控系统，及时掌握学生的

学习情况和教师的教学情况，对整个校园内实施全天候的网络监控，能更好地为学校管理提供数据和决策上的支持。

三是做到未雨绸缪，切实保证教学管理信息化水平的持续提升。因为信息化建设对于小学教学管理工作的开展，只能起到辅助的作用，所以在实际工作中，还可能遇到很多未知的问题，这就需要在教学管理中做到未雨绸缪，不断提升教学管理的信息化水平。例如针对电力故障、网络故障等，均需要制定相应的应急措施，为教学管理工作的顺利开展奠定基础。在信息化建设过程中，势必会遇到多方面的问题和不足，这就需要在信息化教学管理中注重对经验教训的总结，不断在教学管理中持续对其改进和优化，尤其要提高信息化管理的时效。例如计算机在整个教学管理中有着十分重要的作用。但是不管是采取哪种信息化手段来加强信息化建设，都要为学校的管理、教育教学与科研服务提供支持和帮助。

综上所述，在小学教学管理信息化建设中，应切实意识到信息化建设的必要性，在加大建设力度的同时，切实加强对其的管理和优化，注重问题的改进和优化，促进信息化建设成效的提升。

第六节　小学教学管理组织结构的变革

学校的组织结构应该随着校内外环境的改变而相应地发生改变，组织结构并不是一成不变的。

一、组织结构价值取向人本化

学校是一种生命性存在。学生在学校中居于主体地位。人应该是组织和服务的中心，学校如果失去了对人们精神、意识和情感的关注，那就失去了存在的价值和意义。传统小学组织结构的根本缺点在于忽略了人的精神、意识和情感，把教师看成像机器一样的工具，把学生当成需要加工的原材料。建立良好组织结构的直接目的是提高学校组织的有效性，促进师生共同发展。学校组织结构的价值应该是服务师生的积极健康发展，以及促使两大服务主体的共同成长：学生积极健康成长，提高教师职业水平。不提高教师的专业技术水平，学生就没有积极健康的成长环境。叶澜教授主持的"新基础教育"实验就是通过"赋权问责"建立起以基层为主的学校组织结构，唤起教师生命主体意识的觉醒，为教师和学生的成长释放了巨大的空间，提高了教师的生活质量。测试人员通过设立校长、部门主管和教师专业团队负责人，将学校管理权下放到基层，学校面貌焕然一新。

二、组织结构功能定位专业化

学校的组织结构变化与中国小学的基础发展有关，能直接影响到基础教育发展的质量和未来。为了满足学校组织结构转变的需要，我们应该围绕学校职业功能的实现重组组织结构，使学校从任务执行型组织回归到专业型组织。一是重新确立教育、教学与学术研究在学校的核心地位，加强教学科研队伍建设，行政管理体制应从管理转向为教育、教学和学术研究服务；二是向专业权威倾斜，给予教师最充分的专业自治权，确立教师的专业权威与尊严，通过强化教师的主体意识和主体地位，使教师的发展活力最大化，使学校组织形式成为教师成长的源动力。

三、组织结构形态呈现新特点

首先是扁平化。与金字塔组织结构相比，由于组织层次的减少，扁平的组织结构强调了上层和下层之间的两层信息交流。注重分散决策，资源和权力集中在基层，强调平等与合作，组织民主化与和谐，成为一种灵活且适应性强的学校组织结构，通过组织活动和其他特征来适应信息时代。

其次是柔性化。柔性化是指改变组织机构设立的固化传统，使学校内部机构的设置变得更富有弹性，能根据需要随时调整，最常见的就是在学校组织结构中出现了大量的项目管理团队等非行政团体。如在"新基础教育实验"中，一些学校鼓励教师突破行政组织的关系，组织具有相似专业兴趣的非正式合作研究小组，跨越组织、年级和学科，围绕共同主题（来自教学和研究）开展研究项目。一些学校主张建立一个由骨干教师领导的"项目工作站"，即由一批骨干教师组成的教师队伍。通过学校（也称为"公民社会"）的"纪律委员会"，提出学科、年级和所在部门的重点问题和研究计划。项目负责人和教学研究小组负责人被批准组建项目、工作站。这些非行政性组织的建立和运行在实践中极大地树立了教师的专业尊严，有效地促成了教师的专业化成长。

最后是开放性。学校应该是一个开放的组织系统。联合国教科文组织在学习生存方面表示："学校要向全世界开放，全面而开放的教育系统有助于学习者在这个系统中纵向和纵向移动，并扩大他们可能拥有的选择范围。"然而，传统的组织结构使得小学长期处于封闭或半封闭状态。学校无法广泛吸收各种足够的社会资源和社会力量参与学校的教育教学活动；培养的人才也与社会发展的需要脱节。一些学校在组织结构变化中，一方面，权力结构向学校的利益相关者开放，父母资源、社区资源和社会资源被引入学校管理系统；

另一方面，模糊了组织边界，建立了各种委员会、在线学校、校际联盟和校外教育基地。各种形式的资源被广泛用于参与学校教育和教学活动以及教学和研究。

学校组织一旦形成以源于组织又高于组织成员的"共同愿景"为核心的组织文化，就会具有原子弹般的巨大能量。

当前小学的管理组织模式发展主要从单一向复杂多样性发展，机构职能的分化更加具体，整个学校的管理从权威逐步向多元化参与的方向发展，我国小学管理机制的发展更加科学，为我国小学教育质量的提升奠定了一定的基础。

第七节 "科学与人文"视角的小学教学管理

现阶段仍有很多小学在沿用传统的教学管理理念，如一些学校强调对学生进行学科知识教学，忽视实践活动。一些小学教学管理人员没有随时代变迁变更教学管理理念，先进教学管理经验的缺失影响了学校的长足发展与进步。

调查与研究发现，一些小学的重大事项都是由有关领导决定的，教师很少有发表自己意见与建议的机会，学校每一步都是根据学校领导人员制定的规章管理规定进行的，教师很少能按照自身的需求与目标开展教学管理工作，长此以往会打消教师的积极性与主动性。

一、简析科学化与人文化

（一）科学化内涵

新课程改革政策的落实逐渐使终身学习的教学观念被各个小学提到开展教学活动的日程上来。小学阶段的教学是学生教育活动开展的基础和前提，在小学阶段构建科学全面的管理制度将促进学校的长期发展与进步。在小学教学管理制度构建时需要格外注重学生综合素质的培养。因此，在小学教学管理过程中关注学校的整体办学特点，全方面培养教师的教学能力与综合素养就成为科学化教学管理的重要前提。

（二）人文化内涵

随着社会的进步与发展以及居民物质生活水平的提高，学生的知识诉求也在逐渐增强。现阶段的小学教学已经不再局限于学生文化知识水平的提升，还要逐渐培养学生的综合素养与人文素质。对此，在小学教学管理中要秉持以生为本的理念。通常来讲，教师作为课堂教学活动的组织者与引导者，若想要培养人文素养就必须从自我做起，通过对教师教学职业观与道德观等要素的培育来逐步提升教师的师德，用言语与行动让学生切实感受到人文主义关怀的优势。综上所述，在小学教学管理中融入科学化内涵的同时加强人文主义要素是十分必要的。

二、科学与人文视角下小学教学管理发展存在的问题

（一）教师教学管理理念有待加强

当前由于各个地区经济发展水平的不同，各个学校小学教师的教学管理理念也不尽相同。大多教师将关注点更多地放在学生学习成绩的提高上，很少对学生开展科学人文素养的培育；加之教师受根深蒂固的传统教学管理理念的影响，在某种程度上也影响了科学与人文教学管理的发展与进步。

（二）教师教学管理激励机制不完善

小学内部完善的激励制度对于教师高效教学活动的开展以及科学人文教学管理理念的落实具有重要的引导促进作用，但是一些小学忽视科学人文教学管理理念的实施，相应激励体系也有待完善。

（三）管理结构体系的僵硬化

当下仍旧以公立学校居多，受学校体制与性质的影响，相较于私立学校缺乏相应的竞争机制，很多管理类岗位上的工作人员经常会在同一职位上任职多年而不发生任何变动。僵硬化与单一化的管理结构体系与任职体系在某种程度上会使一些教学管理人员仍旧依靠传统的教学管理经验开展教研活动，长此以往会使学校的管理体制存在较严重的弊端，不利于学校科学人文教学管理的发展。

（四）小学校园文化建设力度不够

良好的校园文化会以其独特的理念与精神促进着学校教学水平与管理水平的提高，也是学校整体教学特色与教学理念的重要体现。但是当前大多数小学都将发展重点放在教学水平层面，忽视了小学校园文化建设。例如有一些小学会加大校园内部的物质文化建设，精神文化建设方面则缺少相应的特色；有一些小学虽然会定期开展一些形式丰富的文化活动，但是缺乏内涵，校园文化建设力度不够。这些情况都会使校园内部规章管理体系不够科学化与严谨化，导致校园文化缺少相应的人文视角，很难吸引教师与学生积极主动地参与并将其内化为内在驱动力。

三、科学与人文视角下小学教学管理的有效途径

（一）学校管理体系的完善

调查与研究发现，现阶段部分小学在管理体系与管理模式的构建方面仍旧是不完善和不科学的。若想在新课改的时代背景下加强小学教学的科学人文管理，就必须将工作的重点放在学校管理制度的改革创新层面。首先，小学班主任应该全面透彻地分析现阶段学校的实际教学水平情况，并以此为基础将科学发展观"以人为本"的理念和社会客观发展规律融入其中，逐渐对小学教学管理体系进行改革与完善；其次，小学班主任在构建小学班级管理体系时要充分意识到学生的教学主体地位，引导班级学生积极发表对学校教学管理体系构建的意见与看法，及时指出学校管理制度中存在的不合理因素；学校班主任在构建班级教学管理体系后应该及时向学校领导反馈，根据各方面的意见及时调整，以此保证学校管理体系的科学化和人文化。

（二）教师教学改革的创新发展

小学整体教学水平的高低与学生整体学习素养的高低是检验学校教学是否具有生机活力的重要途径与首要标准。对此，深化教学体制改革是科学与人文视角下促进小学教学管理水平提升的重要举措。首先，要转变教师的教学理念与班级管理理念。新课程改革政策的核心是"新"，主要是指教师教学理念与教学模式的新，学校的教研领导人员应该紧随时代的变迁积极采取"引进来和走进去"的方式，定期组织小学内部教师学习新课程的理念与模式，用新型科学观、发展观、人才教育观等理念更新来彻底替代原有的教师观和教学观，逐步使教学改革走向深入。其次，将教学体制改革与课堂教学实践相结合。小学班主任要在校园内部构建完善的网络型教研平台，将各个年级组最新的教研成果上传至网络教学平台上，定期组织教师共同学习，将科学与人文的教学理论与小学实际教学活动有机融合，以此提高小学教学管理水平。

（三）在校园内创造科学与人文的教学管理环境

当下大多数学校受应试教育理念的影响，将学生学习成绩的提高和专业技能的增长为作学校开展教学的首要前提与核心，很少会对学生进行思维与理念培养。通常来讲，教师是学校教学活动开展的引导者与组织者，只有意识到将科学与人文理念融入小学教学管理的重要性，才会在教学管理过程中对学生开展人性化的模式管理。因而，小学班主任如何在小学校园内部创造和谐温馨的人文教学环境就变得尤为重要。小学班主任在为学生创造人文教学管理环境时，还要注重对学生开展科学文化素质教育与思想素质教

育，根据学生的实际心理状态与学习状态构建具有针对性的特色教学环境，促进学生德、智、体、美、劳全方面发展。

（四）教师综合素养的提高

教师的教学素质与综合素养对学生具有重要的示范引导作用。通常来讲，小学生年龄较小，心理和生理上的发育尚不完善，教师的言行活动会对学生产生直接的影响。因此，若想在科学人文视角下开展小学教学管理工作，就必须不断提高教师的综合素养。

首先，学校在对教师进行招聘时应该将关注重点放在教师的综合素养上，在招聘后还应该定期对教师开展人文科学教学管理理念的相关知识培训，不断提高小学班主任的综合素养与教学管理水平。其次，学校的有关管理人员应该积极组织校内教师进行交流与探讨，在交流与互动中逐渐形成科学人文的教学管理理念与模式。再次，小学班主任作为班级的管理人员与领导人员还应该定期在学校内或者年组内组织读书教研活动。例如有关管理人员可以在教师办公室内部设置读书角落，放置具有人文化与科学化内涵的书籍以供教师阅读与学习，在保证教师阅读广泛性的同时，还可以让教师根据自身所教授科目合理选择阅读书籍，逐步提高教师的教学管理水平。最后，改进教师教研活动的时效性与实践性。历来各个学校都是通过教研活动来提高课堂教学效果与教学效率的，若想在此背景下增强课堂教学管理的科学化与人文化要素，就要彻底改变以往传统教学单一刻板的教学局面，将时效性理念融入教研活动之中，科学全面地改进教学活动中存在的不是。

第八章　小学课堂教学应用研究

第一节　游戏在小学课堂教学中的应用

《英语课程标准》中明确指出，基础教育阶段英语课程的首要任务是激发和培养学生学习英语的兴趣。学生只有具有兴趣才会乐于学、主动学，故而，教师应努力创造一种轻松、愉快、和谐、平等的课堂学习氛围。英语教学要注意结合小学生的心理和生理特点，要善于引起学生的学习兴趣。在英语教学中引入游戏有利于培养学生的学习兴趣，符合"乐学"原则。游戏教学方法强调了学生的主体性，要求学生共同参与，而不是教师唱独角戏，发挥好教师的主导作用与学生的主体作用。

一、游戏教学法概述

所谓游戏教学法，即以游戏为载体，让学生通过做游戏的方法对教材中的内容进行学习的教学方法。在小学英语教学过程中，由于小学生的年龄较小，对于教材中的一些逻辑、常识性知识难以进行深入理解。寓教学活动于游戏之中的方法能够让小学生迅速理解教材内容，提高他们对于英语学习的兴趣。教师有意识地把教学活动与游戏进行有效结合，可以激发学习者的学习动机，让学生尽快融入学习环境。

二、游戏在小学英语课堂教学中的应用策略

表演型游戏。此类性质的游戏具有较强的情节性和戏剧性，具体的参与方式便是让学生扮演情节中的角色，在表达和交流中锻炼相应的语言能力和表达技巧。如教师可主动创建一个开放性的社交场景，让学生分别扮演各类角色，通过对角色的演绎完成语言知识的掌握和表达方式的练习。具体开展时，教师应有意识地引导学生将待学知识融入游戏中，充分发挥知识的作用完成游戏任务，从而在满足表演兴趣的同时，有效深化学生对知识点和表达技巧的掌握。又如在学习 What would you like 句型后，教师可设计一些学生熟悉的食品购买场景，让学生分别扮演老板和顾客，用相应的句式进行表达。此

时游戏内容会充分调动学生的参与热情，并可促使学生广泛联系以往的知识储备并应用到交际中，丰富交流内容，取得实现温故知新的效果。

竞赛型游戏。竞赛类型的游戏项目能够极大地激发学生的竞争意识，让学生在紧张的氛围中快速发挥自身的最大潜能，以更为积极的状态参与到对学习内容的探知中。教师可设计单词抢答、传递信息等游戏，让学生分组参加，再比较每组的完成效果。在团队意识的作用下，学生会高度团结，发挥自身的最佳水平努力完成游戏任务，并在此过程中巩固知识内容，增强团队内部的凝聚力。如为了在学生的头脑中加深某句型的印象，教师可设置传信游戏任务，让学生分组对固定的句型依次传达，最后以速度和准确率作为判定依据。此时学生的情绪被充分激发，能在游戏中深化对知识点的记忆，也营造出更为轻松的知识渗透氛围。

多场景式游戏。多场景式游戏教学对于游戏场景的设置往往可为游戏增添更多的乐趣和新奇感。教师可根据待教的具体内容设计多样化的场景，拓展游戏的实施空间，让学生不断感受到游戏的未知效果。如教师可倡导学生进行符合兴趣的英文主题演讲，或者进行情景演绎等活动，将游戏的开展空间设置在课堂之外，这样学生在不同场景中能够分别锻炼相应的能力，从而实现素养的优化提升。此外，可在游戏中运用适当的教具，如图片、词卡或者装扮等道具，为游戏增添情境感，让学生快速进入角色，增加游戏的真实体验。

诊断式单词游戏。英语的学习基础是单词量的积累，单词记忆是学生普遍担心的较为枯燥的学习负担。对于单词的掌握方式一般为背诵，而单调的背诵往往会使学生逐渐丧失对英语学习的积极热情，学生也无法感受到学科探知的乐趣。优化单词记忆方式对于调动提高学生探索积极性尤为重要。对此教师可联系不同单词的拼写特征辅助学生进行记忆，并将其以游戏形式体现，从而引导学生在游戏中自然记忆单词，减轻单纯背诵的压力。如教师可设计单词接龙游戏，让一个学生写下某个单词，后面的学生根据前一个单词的末尾字母，写下以这个字母开头的新单词，这样不但可以使学生牢固地掌握新学单词，还能够对已学过的单词加深记忆，丰富词汇储备。也可开展抢答活动，教师向学生展示一个单词，让学生以抢答的方式回答单词的读音和意义，这样学生在积极状态的促使下，能够加深理解和记忆单词，自发完成单词记忆任务。

要想实现游戏法在小学英语中的有效应用，仅仅依靠教师的努力是不够的，还需要各个方面的有力配合，只有设计出更加适合小学英语教学的游戏形式，才能提高小学英语的课堂教学效果。首先，教师要根据学生的特点开发游戏和设计游戏；其次，教师要不断创新教学理念与游戏种类和形式，明确游戏的目标，明确游戏规则。学生只有在充分理解之后，才能真正投入游戏，实现一边学一边玩的教学目标。

第二节　移动终端在小学课堂教学的应用

在多媒体时代的今天，现代教学技术的发展给传统课堂教学注入了新鲜血液，有力推动了教学改革创新的进程。多媒体教学可以有效发散学生的创造性思维，提高学生的学习积极性和自主性，提升教学效果，从整体上提高学生素质。就小学课堂而言，移动终端以平板电脑为例，可以为学生营造生动活泼的教学情境，快速吸引学生注意力，发挥强大的交互功能，将学生置于"学中玩""玩中学"的新型课堂教学模式中。如在语文拼音和英语音标的学习中，可以有效改善过去个别地区教师发音不准的情况，提高学生的听、说能力。总之，合理有效地运用平板电脑等移动终端可以提高课堂教学效果，提高学生的学习效率。

一、激发学生学习兴趣

小学生正处于身心发展的关键时期，对新鲜事物充满好奇，注意力十分活跃但极易分散，所以将学生引入课堂，巧妙地激起其学习兴趣是进行课堂教学的第一步。在课堂导入部分，教师应该设计问题情境，激起学生的好奇心，并存储在大脑中。在正式展开课堂教学活动后，可以逐渐引导学生向正确答案一步步靠近，以刺激学生求知欲，维持其思维处于积极兴奋的状态。

以英语课堂为例，在进行人教版五年级下册 Unit 1 We Live in a Small House（第一单元　我们住在一幢小房子里）时，可以先从"动物王国的聚会"引入新课。教师在课前准备好"动物聚会"的短视频，尽量选择有学生们熟知或者已经学过的单词或句子的视频，在新课导入时先让学生分组，通过平板电脑观看 3 遍视频，然后每个学生与自己的同伴分角色练习，在熟悉对话之后，选择两组为全班表演。接着教师与学生们一起唱学过的 Two Tigers（两只老虎）歌曲，学生们的积极性都被调动起来后，教师趁热打铁，继续邀请大家参加"动物王国的聚会"。这样通过平板电脑播放视频，学生们的兴趣被巧妙地激发，与教师进入互动的模式，有效解决了过去传统教学方式中教师只传递、学生只接收的弊端。

二、突破重难点

在日常课堂教学中，教师在讲解重难点时，部分学生往往由于难以领悟而感到枯燥，这时师生都处于"半效率"阶段，如果继续按照传统"填鸭式"的方式向学生灌输知识，学生很可能会产生厌恶心理，这样的恶性循环使师生双方都陷入被动，都在等待对方的努力来结束当前局面。

以数学课本六年级下册第三单元第三节《比和比的应用》为例，大多数学生在学习到这一节时都会感觉难以理解。在进行这节课的导入时，教师可以先让学生通过 iPad 观看杨利伟在 2003 年 10 月 15 日乘坐"神舟"五号顺利升空后向世人展示的联合国国旗和中华人民共和国国旗，告诉他们两面旗的长均为 15cm，宽均为 10cm，然后提问，学生怎样用算式表示长与宽的关系。待学生回答完毕后，教师可以引入"比"的概念，在向学生展示完"比"的记法后，例如"15 比 10 记作 15 ：10"，接着引入分数记法，为了增强学生的立体思维能力，降低学习难度，教师可以在 iPad 上输入动态的"15 比 10=15 ：10=3/2"，在列举完课本几个例子后，让学生进行填空练习，在 iPad 上输入如"35 比（ ）=35 ：7=( )/5"的练习题，让全班抢答。

三、提高教学质量

在信息化高度发达的今天，多媒体交互学习极大地充实了学生的学习生活，学生在移动终端平板电脑上学到了很多过去从课本上学不到的知识，开阔了眼界，也活跃了课堂氛围，有助于教学质量的提高。在语文课堂教学中，进行场景描绘时，利用移动终端可以使学生有身临其境的感觉，加深对知识的领悟，提高审美情趣，增强对生活的认知。

以语文课本五年级下册第三课《白杨》为例，在学习到白杨树的形状描写部分时，教师可以提问"有谁可以描述一下白杨树是什么样的呢？"待学生回答完毕后，教师通过平板电脑展示白杨树的图片，然后让学生描述，检验是否与课本描述一致。在学习到文中细节"在一棵高大的白杨树身边，几棵小树正迎着风沙成长起来"时，让学生仔细体会这一象征意义，然后通过平板电脑播放关于白杨树象征意义的视频，观看完毕后写出自己的感想。

四、优化教学模式

我国小学教育阶段，更强调知识的实践性意义，所有的理论知识最终都要转变为实践，这符合教育部提倡的将应试教育转变为素质教育的目标。教师在学校中的一切工作都是为了学生的学习，通过各种方式促进学生进步，学生只有在外界积极有效的帮助指导下才能更好地学习。在多媒体技术不断深入课堂的当下，移动终端的有效利用有利于实现学生的教育主体地位。

以英语课堂为例，在进行六年级下册 Module 4 Unit1 I'm making Daming's birthday card（第四模块第一单元　我正在做大明的生日贺卡）这一课时，可以培养学生将知识运用到生活中的能力，帮助学生树立关爱他人的意识。学生可以通过移动终端学习制作卡片的技巧，制作完成后赠送给喜欢的同学，并用英语表达美好的祝福。

本节通过分别列举移动终端在小学英语、数学和语文课堂上对激发学生学习兴趣、突破重难点、提高教学质量和优化教学模式方面的重要意义，旨在说明现代化教学手段在小学课堂教学中的重要作用，它将推动课堂教学的又一次改革，是未来课堂教学手段发展的必然趋势，只要教师合理有效地利用，移动终端就一定会为教育事业发挥更大作用。

第三节　趣味教学在小学课堂教育中的应用

传统的小学数学课堂上，学生的注意力难以集中，常常会出现学生不配合教师的情况，导致数学课堂效率低下，大部分学生的数学成绩处于中等水平。针对小学生的年龄、性格等特点，趣味教学是将各种教学方法相结合，引导学生在生活中发现数学和应用数学，使之对数学学习产生兴趣，实现学生的自主学习。

在进行趣味教学的过程中，应该根据不同的教学目标，针对不同的教学内容，对趣味教学进行适当的应用。比如在小学数学的课堂教学、数学练习和课外作业中，应该使用不同的趣味教学的方法，改善小学数学的教学结构，让教学设计的内容更加适合学生，使学生提高对数学的兴趣，为构建小学数学高效课堂打下良好的基础。

一、趣味教学在课堂中的体现

我国进行课程标准改革之后，要求教学的主体应该是学生，教师是教学主体的引导者。小学数学的教学过程是学生对数学产生认知的重要过程，也是学生由形象思维逐步转变成逻辑思维的重要过程。所以，在小学数学教育过程中，教师应该把握好教学的趣味性，在趣味性的教学中对学生进行引导，完成教学目标。

在小学数学教育的初期，学生在进行数学运算时常常会不由自主地借助手指，并且有部分学生对数字的认知不完整。在这样的情况下，教师就应该为学生创造出一个与本节课内容相关的学习情境，让学生通过情境顺利地走到数学世界中来，并且能够被数学知识所吸引，从而对数学产生兴趣，开始自主学习。

比如《西游记》的故事在我国可谓家喻户晓、老少皆知，西游记的电视剧也是让人百看不厌。所以，教师在进行教学的时候，就可以用《西游记》导入，将学生的注意力吸引过来，让学生能够对教师所说的话保持全神贯注。

师：大家都知道《西游记》的故事对不对，那么，有谁能告诉老师，《西游记》中的主角，是师徒几个人呢？

生争相回答："四个人。"

师："师徒四个人中谁最厉害呢？"

生争相回答："孙悟空。"

师做惊讶状："怎么都觉得孙悟空最厉害？为什么觉得他最厉害啊？"

生七嘴八舌："因为他能大闹天宫。"

"因为他会七十二变。"

"因为他明白了菩提祖师打他三下的意思。"

"因为他一个跟头能翻十万八千里。"

……

师稍整顿纪律："刚才我听有同学说，因为孙悟空一个跟头能翻十万八千里，所以觉得孙悟空最厉害。真巧，老师也是因为这个才觉得孙悟空厉害的。"（师稍做停顿）"十万八千，真是一个不小的数字啊，那么，大家知道它应该怎么用阿拉伯数字来表示吗？"

生相互看看，皆不再作声。

师转身在黑板上写"108 000"，学生间发出轻微的惊叹声，接着有学生开始轻轻地数起来："个位、十位、百位、千位……"

师："这是我们今天接触到的第一个十万以上的数字，接下来，谁愿意说出今天的第二个十万以上的数字？"

此时已经懂得十万以上数字是怎样的学生开始争先恐后，教师提问了几名学生之后，又提问了犹豫不决或无意举手的同学。

如案例中的情形，我们能够发现，相比传统的教学，采用创设情境的趣味教学更能够吸引学生，更能够使学生长时间地保持注意力集中。

二、趣味教学在练习课中的应用

小学数学的练习课必定是以数学练习为主的，目的在于训练学生的数学能力、数学思维和数学技能。在传统的教学模式中，教师引导学生所进行的训练，通常就是反复、长时间地做题，片面地认为只有通过这样的训练，才能够见识各种各样的题型和运算模式，从而做任何数学题都会得心应手。所以，在教师这样错误思想的指导下，学生进行数学练习的方法就是在埋头苦算，虽然能够在一定程度上提高做题的正确率，但是不能够举一反三、融会贯通，无法实现真正理解。

不能够让学生真正地理解知识，说明教育是失败的，至少也是不够合理的。所以，小学数学教师应该认识到，在小学数学的课堂练习过程中，要求学生反复、大量、长时间地面对枯燥的数学题目，是不科学、不正确的指导方式。在进入小学数学练习课之前，教师应该提前对学生所要进行的练习内容有所了解和掌握，然后再对练习题目进行编纂，在题目中充分融入趣味性。教师在编纂题目的过程中，也可以适当在题目中插入图画以调整学生的视觉感受。

数学的练习，也是可以通过趣味数学竞赛的方式来进行的。因为趣味数学竞赛的模式在小学生的眼里更像是一场竞争性的游戏，小学生会非常在意竞赛的结果，所以在比赛的过程中都会尽力地思索和讨论，这就对学过的数学知识进行了巩固。因为趣味数学竞赛具有较强的趣味性，所以也能够吸引一些性格较内向、不喜欢发言的学生主动进行发言；因为趣味数学竞赛会涉及大部分或是所有学过的数学知识，学生在进行讨论、作答时，这些知识也能够给数学成绩不太优秀的学生留下印象。

三、趣味教学在课外作业中的拓展

小学生的趣味数学教学，除了在学校的数学课堂上进行以外，课外拓展也是十分重要的。为了促使学生在数学课堂之外的生活中也能够对数学有所关注和了解，教师可以适当地为学生布置一些趣味数学做作业，比如询问爸爸妈妈分别出生在哪一年，算出自己和爸爸妈妈的年龄差；统计今天妈妈买了几种菜，有几种青菜几种肉类；测量自己的身高和体重；量一量自己家中的床、桌子、椅子等家具分别有多高……如此一来，学生就能够逐渐了解到：生活中的每一处都有数学，我们的生活是与数学息息相关的。由此，学生能够认识到数学在生活中的重要性，也能够逐渐养成抽象思维的习惯。

为了巩固学生对数学知识的记忆，教师应该适当地为学生布置家庭作业，此处所言的"适当"，不仅指家庭作业数量的适当，也指家庭作业模式的适当。教师布置的家庭作业应该具有一定的趣味性，让学生愿意主动去完成。

一般来说，只要教师能够把握好趣味教学的尺度，就能够产生较好的课堂效果，这也是小学数学教育中趣味教学应用比较广泛的原因。因为趣味教学没有固定的表现形式，所以教师在教学过程中应该注意平衡教学的趣味与学生的学习，不能过度地娱乐课堂，应该使学生能够在享受趣味的过程中有效地学习知识。

第四节　多媒体在小学课堂教学中的应用

众所周知，课堂教学是一门艺术。随着现代多媒体的发展，许多教师总希望借助现代化多媒体来提高课堂教学效率。现代化的多媒体介入是不是现代课堂教学的根本特征？是不是每一节课都必须借助多媒体才算成功？笔者认为，现代化媒体进入课堂是教学的进步，但一味强调多媒体教学的做法则有待商榷。

一、多媒体教学已成为一种时尚

多媒体作为教学领域中的重要资源，它关注的不是投影、电视、计算机、网络等媒体本身，而是这些媒体在教学中的应用，是对教学过程的优化和对教学资源的开发，是对人力资源和潜能的开发，多媒体的应用也是现代课堂教学发展的大势所趋。

多媒体技术是不断发展的。自 20 世纪 90 年代以来，作为现代化标志的多媒体技术迅速兴起、蓬勃发展，应用在校园的很多场所，给学校的教学、工作乃至生活方式带来巨大的变革。多媒体技术图文并茂的呈现方式，能提供贴近学生生活体验的教学环境，必然会对学校教育教学方式产生深远的影响。由于多媒体能够直观再现教学内容，这样的特性与功能是教师个体的体态语所不具备的。随着现代信息技术的发展，积极倡导以计算机为中心的数字技术不断发展，多媒体技术集当前的语音处理技术、图像处理技术、视听技术于一体，通过有效的信息技术进行存储、加工、控制、编辑、变换。无论是技术手段还是技术理念与原来的多媒体是完全不一样的，现在的多媒体，实际上是靠计算机来实现的。

当前，多媒体已成为课堂教学不可或缺的组成部分。通过教学设计，根据教学内容与教学目标的需要，合理选择和应用多媒体与继承传统教学的有效成分，使二者有机结合、各展所长、互为补充、相辅相成，共同参与课堂教学全过程，形成有效的教学结构，以达到优化课堂教学的目的，这是传统课堂教学的进步。多媒体是教师完成教学任务、传授知识的辅助工具，以计算机为核心的信息技术、通信技术、网络技术给课堂教学提供了新的手段，注入了新的活力，改变了传统的教学方法和教学模式。同时，学生也可以利用现代多媒体的高度交互性进行自主学习，挑选知名教师和专家指导。但必须指出，任何一种多媒体都有其优势和局限性，在不同的场合两种教学手段各有自己存在的价值。

多媒体在课堂上的直观性有利于激发学生的学习兴趣。兴趣是构成学习动力系统中最活跃的因素，通过多媒体的感官刺激，激发了学生的形象思维，强化了学习内容的直观性和理解性。多媒体的介入使抽象知识形象化、静态知识动态化，克服了教师课堂教学语言的生硬、抽象等缺点，不仅给学生提供了一种轻松愉快的学习氛围，而且使学生对知识的理解方式和过程产生了一种质的变化，实现了声形的有机结合，让学生学习心理状态能维持更长时间，提高了课堂学习效率。

二、过度"现代化"成为教学的一种负担

教学现代化是实现有效课堂教学的基本策略，但随着多媒体技术的发展，有的教师对多媒体教学的认识产生曲解，将多媒体无休止地引进课堂教学，甚至泛滥，这对课堂教学来说，有一定的副作用。

（一）师生在课堂教学过程中处于被动

由于课堂教学中多媒体的过度使用，教师教授的每一个知识点，都依赖于多媒体的作用，使得知识的传授变成多媒体的附属物，教师也成为多媒体的"奴隶"，教师应有的主体性和能动性被多媒体左右，教师教学内容的选择和安排必须根据多媒体的实际情况进行安排，可能会打乱教学内容的科学性顺序，对教师的教学有效性产生了负面影响。

（二）师生互动形式化

师生互动是现代课堂教学的重要特征，教师和学生可以通过相互之间的教育沟通推进教学内容的传递，有益于学生和教师主体作用的有效发挥，有益于对知识的理解。但多媒体的使用，导致课堂教学中教师和学生的交流多借助多媒体进行，师生之间的交流趋于形式化。

（三）教学内容被割裂

每一节课的教学内容必须是一个整体，不容分割，这是顺利完成教学任务的基本要求，也是推进课堂教学改革的必然取向。多媒体的滥用，使得原本有序的教学内容不得不进行重新整合，但由于教师教学水平的差异，使得教师在教学内容整合中差异明显，有的能够根据教学内容选择多媒体，而有的则是根据现有的多媒体进行教学内容的拼接。

三、教学艺术性的诠释

教学艺术性是教师在教学过程中，充分尊重学生身心发展的客观规律和知识的内在特质，对所讲授的知识进行有机整合和优化教学方法，彰显自己的教学个性，提高学生学习实效的过程。

（一）教学过程中多媒体必须为学生的"学"服务

现代教学理论的基本观点认为，教师的"教"以及多媒体必须为学生的"学"服务。学生作为学习活动的主体，他们每一个人都是有思想、有感情、有自尊心的。因此，教学过程及内容的设计应以学生的反应、体验、发展为标准，研究和组织教学过程必须认识和掌握学生身心发展的机制、特点和规律，教学的重点应提升学生的创造力，激发学生的学习激情并使之在教学交流过程中确立足够的学习自信。

（二）教学过程应凸显教学个性

个性化教学的实质是教师在实际教学工作中能根据自身的资源优势，形成特色性的教学范式，促进学生知识与能力协调发展而具有的教学品质特征。教学个性不仅需要有充沛而适度的情绪与专业的治学态度，还需要有良好的信息技术能力和合作态度。在今天的信息社会，一名小学语文教师彰显教学个性不仅是对文本的个性化解读，更主要的是如何利用先进的多媒体技术帮助小学生理解知识，读懂文化，凸显自己的教学个性。因此，在实际的小学语文教学过程中，教师要积极利用有效的资源进行开发，形成有鲜明个性特色和差异性的教学模式，既保证对学生实施行之有效的教育方略，也确保自己的教学主张到位并具有创新。

（三）教学过程是教与学的统一

优质的课堂教学必须是教师的"教"和学生的"学"和谐统一的过程。在全新的多媒体面前，教师和学生是面对面的、平等的，从某种程度上来说，学生通过多媒体技术获取的知识不亚于课堂上获得的。在学习方式上，学生不是被动地接收教师传授知识，而是根据自身的知识体系对新知进行有效建构。在教的方式上，教师不再是简单的说教，而是利用现代多媒体技术进一步拓展学生的认知视域，丰富学生的情感体验，关注学生的语感进化，促进学生对语文形成清晰的教育认知。在新的多媒体技术背景下，教与学的统一已成为现实，教学统一必须建立在师生教学共识的基础上才能形成有效的交流渠道，教师的教学策略与学生的需要默契配合，促进教与学的和谐发展。

（四）课堂教学效率是教学的生命线

教学效率是将学生在课堂上取得的有效收获所消耗的时间与教师和学生投入时间总量之比。在课堂教学过程中，可能存在与完成教学任务无关的时间消耗，教师如果花大量时间去调节多媒体，这势必导致教学时间的浪费。因此，在课堂教学中，必须克服那些无效或负效的教学活动，合理分配教学时间，以提高教学效率。

四、多媒体在课堂教学中的合理应用

多媒体在课堂教学过程所起作用究竟多大，在教学过程中如何有效使用和合理安排是现代化课堂教学必须解决的教育问题。

（一）多媒体必须为教学主体服务

多媒体在课堂教学中作用的定位必须由教师辅助教学工具转化为学生的认知工具，具有明显的服务性。按认知学习理论的观点，人的认识不是外界刺激直接给予的，而是外界刺激与人的内部心理反应相互作用产生的。因此，在实际教学过程中，要积极强化学生的主动参与意识，加强学生对文本知识的实践，进一步建构适合自己成长的内容体系，克服学生成为学习容器的不良倾向，为学生主动积极学习创造良好条件。在课堂教学过程中，多媒体是教师和学生在教学过程中交流的平台，在课堂教学中，教师和学生是双主体。多媒体必须根据教学内容、教学策略、教学方法、教学步骤等因素进行合理的安排、使用，并按照学生的学习基础、学习兴趣、学习需求进行有效选择。

（二）多媒体是辅助手段

多媒体是实现教学最优化的辅助手段，在这一原则的基础上应尽量减少成本投入，充分利用已有的教学资源。多媒体作为教学过程中的辅助手段，必须遵循教学的有效性原则，教师在使用多媒体的时候，必须根据教学内容、教学目标和学生认知水平情况的需要，科学介入教学活动，以丰富的表现手段，具体形象地再现各种事物、现象、情景、过程，克服时间、空间、运动状态的限制，帮助学生充分感知知识、理解知识。

（三）多媒体是有选择性的

一节课上多媒体的使用不能求全，应该根据教学的实际需要有针对性地使用。首先，在工具的选择必须根据教学内容进行。要充分发挥多媒体自身的优势和特点，根据教学内容和学生的学习需要进行有效选择，帮助教师和学生加深对知识的理解和应用。如果一味地强调多媒体，势必会导致为用多媒体而用多媒体，这是现代多媒体发展的一个误区，不宜提倡；其次，在使用时间的选择上，必须根据课堂教学实际科学安排，也就是根据教学经验，预测学生在学习过程中心理上可能发生的变化，针对这种心理变化，不失时机地发挥多媒体的刺激作用，帮助学生保持良好的心理状态，或帮助学生将不良的学习心理状态转化为积极的学习心理状态，确保学习有效进行，最终实现教学目标。

总之，多媒体改变了教学模式、教学内容、教学手段、教学方法，最终促成教学理论、教学思想乃至教学文化和教学体制产生根本改变。只有充分发挥多媒体效能，使之为的教学服务，将它整合到教学中去，像粉笔、黑板一样成为教师的良好伙伴，才能真正让多媒体为教学服务。

第五节　人本思想在小学课堂教育教学管理中的运用

小学阶段的学习对于学生以后的发展至关重要，影响小学教育水平的主要因素是小学教育的管理水平。"人本理论"坚持以教师和学生作为教学的本体。落实人本思想在教学管理的中心地位，是科学管理小学教学事业的关键。

一、人本思想的基本内容

学校要想长足稳定健康发展，离不开人本思想。在新时代背景下，很多管理领域都应用了人本思想，这是人类体现价值、尊重人的健康发展的重要途径，也是实现社会发展的重要因素。

传统的管理一般是把人作为机器的附属物强行管理，但是随着时代的不断发展，社会不断向前进步，以人为本的思想变得越来越重要，传统思想已经不适合当前社会的发展需要，根据现代化大生产以及高科技的生产模式，人本思想必将代替传统的管理模式，走上历史舞台。

在人本思想的管理要素中，人是管理要素的中心。在管理中，推动者和实施者都是人，没有了人的管理就不能称之为管理，失去了人对于其他管理环节的控制和掌握，管理的最终目标也不可能实现。

在影响生产力的所有因素中，人是最活跃的因素，人对生产力的影响力与管理效应有关，管理的效应越好，人对生产力的影响就越大，管理效应越低，人对生产力的影响也就越小。人本思想在管理方面的应用，目的就是获得最大的管理效应，实现人对生产力的最大影响。

人本思想要求把人放在所有因素之前。将人作为管理的根本条件。只有将人这一影响因素调节好了，其他目标才有实现的可能。在管理过程中，全体人员要明确目标，明确自己和团队的责任与管理目标的关系，从而积极主动且具有创造性地完成整个创作目标。

二、人本思想在小学教学管理中的运用

学校作为一个教育机构，学生是它的工作主体，所以要把学生作为学校的工作核心，始终坚持以学生为本的思想，坚持所做的一切教育活动都是为了学生，学生的利益是学校的主体利益。小学是整个教育过程的起始和基础阶段，小学教育的效果将直接影响学生在未来的学习活动，所以学校对于小学的人本思想教学管理目标要严格达成。

要重视小学生能力的培养。这里的能力并不是指小学生的学习能力，而是小学生各方面的总体能力，新课改也要求小学生德智体美劳全面发展。从社会经济学角度观察，把学校当成一个利益机构，那么小学生无疑是这个机构的唯一消费者，消费者有权为自己的各方面利益做出选择。学校应该积极配合并尽量帮其实现，这样有助于发展学生的兴趣和爱好。教师要引导学生表达自己的意见和建议，并为他们提供平台，比如现在的许多学校都有意见箱，学生可以从自己的利益出发，对校领导、教师以及学校的工作人员提出自己的建议。在学校这个管理系统中，学生是管理系统中的自我管理者，也是以人为本思想中最占据主体地位的"人"，所以学校应将一切重心放在学生身上。比如教师在进行班级教学管理过程中，会出现很多决策时刻，像选定课程、班级环境治理和各科教师评定等。这时可以将学生的决定作为最后结果的考量。平时学生在进行自我管理和教师管理时，最直接接触的环境就是班级，所以在班级管理时，也要充分考虑学生的主体地位，比如让学生参与管理班级秩序，让学生自主进行成绩评定，以及进行班级的安全监督和环境管理等。学生变成了自己的管理者，参与的管理活动多了，学生对自己的主体地位就会自信很多，会因此增加对学校和学习的热爱，提高学习成绩。

课堂教学时，传统的教学活动的主导者往往是教师本身，如果想要坚持人本思想的教学管理模式，就应该把学生放在教学的主体地位，让学生成为课堂的主体，用一个比喻来说就是学生是演员，教师是导演。教师改变自己传统的教学方法，在教学过程中时刻给自己一个心理暗示，即尊重学生在课堂中的想法，让学生引导教学的进程。举个例子，有些教师在教学过程中常常会有"你们听懂了吗""听明白了吗"这些口头语，这些口头语本身并没有什么不好，但口头语的作用就是，教师这样问学生只是一个形式，不管学生回答"听明白了"或是"没听明白"或是根本没有反馈，教师都会按照他原有的讲课计划继续讲课。这样的做法是极其不符合人本思想的教学管理模式的。教师可以尝试改为"你也来试一试""你们有新的解决办法吗"。对于配合教师表达自己观点的同

学，教师应积极予以鼓励，使小学生养成良好的表达自己学习观点的习惯，促进课堂中人本思想教学管理方法的进程。

三、教师注重自身发展

教师作为学生最亲密的接触者，具有参与管理学生日常事务的责任，教师还是学生教育活动的直接授予者、组织者、执行者和监督者，可以说教师的重要性仅次于学生，所以教师在教学管理中的地位也要被重视。提高教师水平，加强整体队伍建设也是人本思想建设中的重要环节。

教师应重视自身能力建设并积极进行师资培训。教师的能力对于学生来说是至关重要的，教师的水平低，学生很有可能就得不到合格的、与时俱进的教育。教师提升自己水平的主要办法一般是积极参与培训，不定期为自己创造进修以及培训课程的机会，教师对知识积累、更新的积极性影响着教师自身的知识储备量，直接影响学生接收到的知识的广度与深度。教师应加强自我素质和能力的培养，多读书、读好书，与互相认识的教师开展读书交流活动，促进整体师资力量和水平的进步。在细节方面教师应注重科研活动的开展和实施，积极与学校管理者共同探讨教学中存在的问题并找出相应的解决办法，管理者则应为教师提供经济和器材上的支持。

教师应注重自身的心理状态变化。人类作为有情感的高级动物，经常会出现不良情绪，不同的人有各不相同的心理需求，有的教师可能会因为自己的家庭出现了问题，而导致在工作上、在课堂上走神，不能全身心投入到人本思想教学当中去。对一个合格的教师来说，及时发现自身的心理需求是极其必要的。在发现自己的家庭状况、情感因素、知识水平以及兴趣爱好等发生变化，并且这些变化又为自己带来了不良情绪时，教师要积极寻求各方面的帮助，包括学校的管理者，请他们能帮助自己走出不良情绪，使自己能够全身心地投入到工作当中，充满激情地教好每一位小学生。

教师应客观合理地对自己的工作成果进行评价。教师们的工作也需要评价体系监督与激励，教师通过这个体系能够随时了解自己的工作水平，从而根据情况做出相应的调整，并且这个工作成果评价体系还能调动教师的工作积极性，使教师在竞争中持续提高自己的教育水平。作为教师，如果付出了努力的汗水，就会得到相应的回报，这些回报可能是来自学校的奖励，也可能是学生和家长发自内心的爱戴。教师能从中感到自己的付出有了回报与支持。在每一学期结束时，在进行期末测评结束后，教师都要积极审视这一学期自己取得的成果，如果自己的成果较好，那么不要骄傲，努力保持。如果自己的成绩不尽如人意，那么在下一学期，就要努力赶上。实际的教学经验告诉我们，成绩不好的教师只是看见成绩好的教师受到表扬，他们内心就已经受到足够的激励了。每个人都有上进的心理，成绩不好的教师都会有让自己进步的想法并为之努力，所以教师也不要给自己太大的压力，过度的压力会让自己对教学失去兴趣，容易造成"破罐子破摔"的情况，对小学生的教育不利，也对人本思想教学管理的建设不利。

人本思想在教学管理中的应用要求学校以学生为主体，让学生进行自我管理，也要求教师积极提高自己的教学水平。教师和学生的多方面配合，小学教学中人本思想才能得到充分显现。

第六节　小学信息技术教学中翻转课堂教学模式的应用

翻转课堂的教学模式以学生作为教学工作开展的中心，采用数字化资源和信息技术的方式来开展课堂教学，这种方式提高了学生的思维能力，有利于学生养成主动学习的习惯，还可以对小学生的知识体系进行检查，帮助学生巩固所学的知识，提高课堂教学的效率。

一、翻转课堂教学模式在小学信息技术教学中的主要意义

翻转课堂的教学模式把学生作为课堂教学的中心，教师在课堂上主要起指导和辅助的作用。在信息技术的教学过程中，教师给学生提供充足的思考空间和动手操作的机会，让学生自主学习，主动探究信息技术的使用方法，及时发现学习过程中存在的各种不足，提高学习的整体效率，促进思考能力的提升。

由于小学生的年龄特点，认知能力与知识体系往往不够完善，教师应重点培养学生的实际操作能力和自主学习的能力，让学生通过自身的思考来分析和解决相关问题，改变以教师为主导的灌输教学模式，加强教师与学生之间的交流。在这个过程中，教师也可以及时了解小学生在学习过程中的主要难点，加深学生对知识的理解。

当今时代是信息时代，这就要求学生从小学阶段就要掌握一定的信息技术相关知识，具备简单的信息处理能力，不断提高自身创新应用水平，适应时代的发展。小学信息技术教师也应当与时俱进，采用全新的教学方式，提高小学生的学习效果和自主学习的能力，帮助学生在小学阶段养成良好的学习习惯，提高个人的分析创造能力，拓宽视野，促进学生综合素质的全面提高。

二、翻转课堂教学模式在小学信息技术教学过程中的具体应用

传统的小学信息技术教学模式以教师为中心，教师在课堂上讲解知识完成教学，小学生更多的是在课后对学习的知识进行复习巩固，这对小学生的自主学习能力和综合素质的培养不利。翻转课堂的教学模式以学生为中心，教师指导学生进行课前信息技术知识的预习，在课堂上采用小组讨论和同学协作的方式，课后学生对课堂知识进行反思，这种教学方式在小学的信息技术教学过程中效果十分明显，目前还处于摸索试验阶段，教师也需要结合学生的实际情况，设计合理的教学环节，根据课程的具体内容进行教学。

（一）教师身份的转换

翻转课堂教学模式最重要就是教师身份的转换，在信息技术的课堂上强调以学生作为中心，教师需要仔细观察，可以录制一些教学课堂教学的视频，安排组织课堂上的学习和交流的活动，合理分配课堂各个环节的时间，确保教学达到应有的效果。翻转课堂教学模式教师主要的作用是对学生进行组织和引导，小学生由于年龄偏低，认知还不成熟，自控力普遍较差，教师如果不能进行有效引导，课堂秩序会出现混乱，学生不能够真正学到知识，也会影响课堂教学的效果，这是需要教师注意的问题。翻转课堂教学模式还需要教师有效地培养学生正确的情感态度和价值观念，帮助学生形成良好的信息技术学习习惯和素养。教师需要结合学生的学习特点，为学生创造良好的课堂学习环境，增加学生与教师以及学生之间的交流和互动，鼓励学生多思考多提问，引导小学生进行学习情况的自我检查和学生之间的相互检查，教师也要对学生的学习情况实时检查，发现问题立即指导解决。在课堂的教学过程中，教师可以根据班级的人数把学生分成若干个小组，每个小组的人数不宜过多，3—5人即可，每一个小组选择一名组长，组长负责组织小组的讨论和交流并且进行总结发言，这个过程培养了学生的组织领导能力。教师应当给每个小组提供一定的讨论时间，让小组成员之间互相检查具体的学习情况，交流学习心得，通过这样的方式教师能够及时了解学生在学习中存在的问题，及时制订合理的方案对学生进行指导，通过小组讨论可以活跃课堂气氛，形成同学之间的互帮互助，促进不同学习水平的学生共同进步。

（二）全面培养学生的自主学习能力

翻转课堂的教学模式对教师提出了全新的要求，教师需要根据教材内容在课堂教学开始阶段有针对性地给学生布置学习的主要内容和自主进行研究和探讨的方向，学生从被动地接受知识变成主动探索知识，这也使学生在信息技术的课堂上能够有充足的时间自主学习，对一些不懂的难点问题，教师应当鼓励学生及时发问，引导学生找到解决问

题的正确方法，这个过程中，小学生分析问题、理解问题和解决问题的能力都得到了全面提高，小学生通过这样的训练可以在现有的知识体系上大胆创新，根据自身的需求有效安排学习时间，增强学习兴趣，培养自觉良好的学习习惯。很多教师在信息技术课堂教学的过程中会提前准备好相关知识的视频内容，学生通过观看视频了解基本的操作知识，小学生在观看结束后自行在电脑上进行实际操作，对于操作过程中遇到的问题，教师可以指导小学生利用网络自行查找解决的办法，帮助学生建立良好的学习习惯，培养学生解决问题的能力，增强对翻转课堂教学模式的适应能力，教师在这种教学模式之下可以加深对学生的了解，明确学生在学习过程中的主要难点，找准学生的具体诉求，有针对性地设计教学方案，这提高了教师的教学效率，促进了信息技术教学水平的全面提升。

（三）改革教学环节的设计，提高学生的综合素质

小学的课程安排使得学生课后的时间更多的用在数学、语文等考试科目的学习上，对信息技术知识的课后学习时间比较少，这就要求信息技术教师对课堂教学的内容和教学环节进行合理的设计，提高对网络课程与课堂教学的衔接的重视程度，要明确网络相关课程的复杂性。教师在实际教学过程中，为了确保小学生的知识掌握达到要求，提高学习效果，在最短的时间之内学到最丰富的知识，可以制作相关的教学视频。为了鼓励学生的创新和探究能力，可以引导学生依据个人喜好来学习信息技术，对不同的学生布置适合其自身的学习任务，适当调整学习知识的难度，提高学生的学习热情，加强知识掌握。翻转教学模式需要保证学生学习其他主要科目的学习时间，也要确保学生掌握信息技术的相关知识，达到应有的教学效果，这要求学生具有自主安排时间的能力和一定的自控能力。教师在课堂上不只是理论知识的教学，还需要引导学生之间进行交流创新和自主学习探究，让学生可以发现自身的问题，总结并找到解决的方法，这对学生今后的成长作用十分明显。很多教师在课堂上播放视频内容，让学生课后在网上自行查找，锻炼了小学生独立自主的学习能力，提升了学习的效果。

（四）提高学习的学习兴趣

在小学阶段学习信息技术知识一般是以了解为主，不进行硬性成绩考核，这导致很多学生用在信息技术学习上的时间比较少，学习态度不够端正。翻转课堂的教学模式可以提高学生在课堂的参与度和学习兴趣。在布置相关学习任务时，可以让学生学会在互联网中找出适合自身学习的内容，在短时间内可以掌握更多的知识。很多教师在课堂上布置学习任务之后会让学生在网上查找资料，通过文字处理进行知识整合，形成书面材料，这个过程对于学生综合素质的提高具有明显的促进作用，也可以提高学生学习的积

极性。

（五）通过演讲以及播放视频等形式活跃课堂气氛

在进行翻转课堂模式教学时，教师可以依据实际情况把学生分成若干小组，在小组内组织学生交流信息技术学习的具体成果，并在全体同学面前演讲分享，很多小学采用幻灯片的方式让学生对自己的学习成果进行演示，这个过程全面提高了学生的信息技术应用水平，其他小组的同学也可以有针对性地提出自己的观点，通过小组间的讨论以及协作来完成最终的教学目标。在课堂讨论阶段，教师需要密切关注不同小组的讨论情况，对一些疑难问题可以给予一定的指导。在这个过程中，学生家长也要尽力配合，对学生进行监督。

很多教师采用播放视频的方式进行信息技术教学，取得了不错的教学效果。小学生的自控力比较差，注意力时常不集中，视频播放可以吸引学生的注意力，提高教学的最终效果。很多教师结合小学生的特点，在课堂上播放一些趣味性比较强的视频或者动画片，也可以自行录制一些内容来提高学生的学习热情。视频的内容不宜过长，十分钟之内即可，要在视频中讲清楚知识点，将视频分享到网络上，方便学生随时复习。

小学阶段对人的成长具有重要的基础作用，通过在信息技术教学中采用翻转课堂教学模式可以全面培养学生的创新能力和自主学习能力，对学生综合素质的提高和今后的成长作用十分明显。

参考文献

[1] 臧以霞. 试析小学教学中的情感教育理念及实践 [J]. 黑龙江教育：理论与实践，2015(5)：15-16.

[2] 孙剑. 将心理健康教育融合在小学德育教学中的经验分析 [J]. 北方文学，2016(3)：156.

[3] 齐爱军. 新时期德育教育创新探讨 [J]. 中国校外教育，2015(8)：12-13.

[4] 禄家伟. 新形势下小学校园管理工作实践 [J]. 西部素质教育，2019，5(19)：255.

[5] 黄成敏. 小议新时代下的小学学校教学管理 [J]. 科学咨询（教育科研），2019(09)：22.

[6] 杨文泰. 新课改理念下的小学教育管理研究 [J]. 课程教育研究，2019（47）：202-203.

[7] 王爱兰. 新课改理念下小学教育管理探讨 [J]. 中国教师，2018（S2）：11.

[8] 宋艳霞. 小学校长教学管理的对策分析 [J]. 佳木斯教育学院学报，2010（5）.

[9] 李清涛. 小学教学管理人本思想之我见 [J]. 小学教学参考，2011（30）.

[10] 包宝振. 关于我国小学教育管理模式及其国内外对比的探讨 [J]. 中国校外教育，2010（S2）.

[11] 张绍杰，黄文. 当代小学教育管理的几点思考 [J]. 魅力中国，2009（31）.

[12] 李树军. 素质教育背景下的小学教育管理探究 [J]. 新课程：小学，2016(3).

[13] 刘景祥. 关于新课程背景下小学教育管理改革研究 [J]. 课程教育研究，2016 (24).

[14] 冉念军. 基于人本管理理念的小学教育管理模式分析 [J]. 科学导报，2016 (1).

[15] 高春菊. 新课改理念下小学教育管理探讨 [J]. 新课程：小学，2015 (2).